洗脳原論

苫米地英人

春秋社

序　洗脳というニルヴァーナ

洗脳されたいという人が、この世の中には存在する。そんな頼みごとを私に漏らす人さえいる。若くて感じのよい美しい女性のときもある。仕事を精力的にこなすエリート社員のこともある。それは私の先入観を打ち壊すように、とりたてて他の人と違わない普通の人たちだ。

涅槃という言葉がある。サンスクリット語ではニルヴァーナ（火が吹き消された状態の意）[1]というが、煩悩を滅却した、絶対自由、絶対幸福の安らぎの状態を指している。カルトに走る人たちは、究極には、このニルヴァーナを求めて修行する。そこに至るプロセスは、きびしくて険しい。本当に何も悩みがない涅槃という状態は、ストレス過多な現代人にとって極楽に聞こえる。そしてその状態は、何も考えないで、一見無欲に教祖やリーダーのいいなりになっている被洗脳者の状態に似ていなくもない。洗脳されたいという人々は、涅槃の世界に安直な方法でたどりつきたいと願うあまり、私にそんな応じるわけにはいかない頼みごとをしてくるのだろうか。

こういった事実は、人の心が洗脳という呪縛にいともたやすくからめとられてしまうファクターのひとつである。一体、人の心を操り、人格をも崩壊させる洗脳とは、どんなものなのか。私はこの本のなかで、それを解き明かすべく、洗脳の構造と歴史を明らかにしようと思う。同時に、そこから心を解放する、デプログラミングと呼ばれる過程を、学術的・体験的双方の面から詳述してみたい。

いまや洗脳というテクニックは、カルトだけでなく、ビジネスや教育など広範囲な分野に応用されている。あまりにも身近に存在しているのに、われわれはそれにあらがう方法を持たないでいる。本書では、巷に氾濫する洗脳の危険性から、私が実際に手がけたオウム信者の脱会まで、あらゆる角度からこの問題にアプローチしていくつもりである。

ひとつつけ加えなければいけない。最近日本では、心が操られることを一般にマインド・コントロールと呼んでいる。しかしマインド・コントロールは、洗脳というメカニズムの一形態でしかない。そこにはボディ・コントロールなどの概念は含まれていない。また、マインド・コントロールという言い方は、どちらかというと柔らかい響きを持つ言葉である。本書では、従来知られている範囲を超えてなるべく多様な洗脳に言及したいので、心の操作をマインド・コントロールでなく、洗脳という言葉に統一して著述する。社会に警鐘を発し、危険性をはっきりさせる意味でも、より語感の強い〝洗脳〟という言葉のほうがあてはまる。

一部に洗脳という言葉を「物理的強制を伴うマインド・コントロール」のみに絞るべきだという意

見がある。朝鮮戦争時に中国共産党が行なったとされる、いわゆるブレイン・ウォッシングのイメージが強いためだと思う。しかし現代的な洗脳は、物理的強制力を使わず、もしくはそれをほとんど意識させずに行なわれており、以前のような定義はもはやあてはまらない。

また、カルト信者の脱洗脳は、〝脱会カウンセリング〟と呼ばれることが多いようだが、この本ではあえて、〝デプログラミング〟という言葉を使っていく。人為的に引き起こされたものでなく、通常の心の問題を扱う臨床行為を、一般にカウンセリングと呼んでいる。しかし脱洗脳は、これとは本質的に異なるテクニックを用いて行なわれる。もちろん、何らかの精神障害をともなっていて、心理カウンセリングを含むケアが必要な脱会信者もいるが、それは洗脳状態とは別のものだ。洗脳状態で、なおかつ精神病理上の問題をかかえている信者の場合、精神病理面に関しては、精神科の専門医に任せるべきである。デプログラマーが担当するのは、あくまで精神的・医学的に健常な状態にある被洗脳者の脱洗脳である。脱洗脳という方法そのものは、具体的な〝解く〟作業だ。洗脳は病気ではない。

あえてデプログラミングという言葉を利用するのは、私の専門分野が計算機科学、機能脳科学だからでもある。洗脳を解く作業は、これらの科学で行なわれる、計算機や心のプログラムを解析する作業に本質的に似ているのだ。

洗脳のデプログラミングの手法を明らかにした本は、世界的にもあまり類例がないのではなかろうか。デプログラマーがその手法を明らかにすることには、当然リスクがともなう。洗脳者の側が対策を打ってくるからである。また、デプログラミングの手法を悪用して、新たな洗脳手法が開発される可能性もある。まるでコンピュータ・ウイルスと、それを撃退するワクチン・プログラムの開発競争である。そんなリスクを負っても、洗脳について、デプログラミングの手法まで含めて、理論と実践の両方を明らかにしようと思い立ったのにはわけがある。現在の日本の状況にきわめて重大な危機感をいだいているからだ。放っておけば、二一世紀の日本は、文字どおりの意味で洗脳社会となるのではないか。そこから逃れるには、情報を完全に開示することで、その対策をうながすべきではないか。社会に情報を教えない場合の危険と、教えた場合の危険を秤にかけると、教えたほうがよりベターだと私は考えた。

オウムは復活してさまざまな活動をはじめ、アメリカから巨大カルトの上陸もはじまっている。それにＬＳＤや覚醒剤など、洗脳の道具となりうる違法薬物も、中学生すら国内で容易に入手できる状況になった。一般市民のみならず子どもまでもが洗脳者に狙われはじめている。洗脳者の技術は進化しつづけ、一方で、洗脳者を擁護するような心ない学者や文化人、マスコミの活動が目立っている。このままでは二一世紀の日本は危ない。そういう想いでこの本を書いている。

洗脳原論——**目次**

洗脳原論

第1章　洗脳とは

洗脳という仮想現実の世界。主観的には、うっとりする夢想空間を魂が漂流しているような状態である。同時に、客観的には、緻密に計算された虚構の世界に閉じこめられた状態である。

そんな状態に陥った人間は、昼夜を問わずきびしいワークに励み、教祖の無理な命令に何の判断もなく絶対服従するなど、自分をまったくなくして絶対者に動かされているように見える。しかしこういった行為は、他者の命令などによるものではなく、行為自体が本人の肉体的・精神的エクスタシーに連結しているから没頭できるのだ。

現実から切り離された仮想空間に人生の舞台が移ると、人は誰しも思考を停止し、あくなき快楽の追求にどこまでも走ってしまう。通常、快楽といえば、性的興奮や権力の掌握、金銭的・物質的充足などが連想される。もともと人間本来の心理に、それらを欲するメカニズムが本能レベルで埋めこまれているので、その方向に快楽を求めさせるのに洗脳は必要ない。論理的思考を停止させればいいだけだ。しかし、その本能を利用して、洗脳者や組織のために働くことにエクスタシーを感じるようすりかえたならどうなるか。その人は自己存在すべてを賭けて、洗脳者と組織に尽くすだろう。もちろん本人の意識レベルでは、自己犠牲や禁欲、修行、高度な知識の修得といった「高尚かつ崇高な」行為を遂行しているつもりである。が、無意識のレベルでは、性的快感や富や名誉、つまり欲するもののすべてが、洗脳による奉仕活動の擬似ニルヴァーナに作りだされているのである。

この章では、そういった洗脳という呪縛のからくりをひとつずつ解きほぐし、そのメカニズムを紹介していきたい。

†洗脳の本質

洗脳とは、われわれの神経レベルでの情報処理・信号処理の段階に、何らかの介入的な操作を加えることによって、その人の思考、行動、感情を、思うままに制御しようとすることである。これは、朝鮮戦争時に使われたとされる個人の思想支配の軍事的テクニックを、エドワード・ハンターというジャーナリストが、〝ブレイン・ウォッシング〟(brain washing)と著書*Brain-Washing in Red China*[1]で紹介したことに由来する。

序章でも触れたが、運用論的な定義で見ると、一般的に、心が操られるときの表現は、日本では「マインド・コントロール」が柔らかい意味で、「洗脳」はもっと強い意味で使われているようだ。しかし実は、両方とも心理学の専門用語ではない。前者の場合、直訳すればわかるように、心という意味での「マインド」に対するコントロール以外は、マインド・コントロールとは言いづらい。それに対して、「洗脳」の場合、「脳」＝「ブレイン」(Brain) という概念をベースとしている。脳は、頭蓋骨内に位置する体内の情報処理メカニズムの中心部位であるが、その末端は、全身に神経ネットワークとしてひろがっている。その意味で、機能部位としてのブレインは、全身にひろがる神経ネットワーク全体の情報処理を司っているのである。したがって、筋肉レベルだけの刺激を用いて人間の行動をコントロールしても、それはブレイン・ウォッシングのひとつになる。もちろん脳はすべての認知活動を司っているので、心理レベルの操作を利用してマインド・コントロールを行なっても、それは脳内情報処理におけるコントロールであり、やはり洗脳のひとつと数えることができる。このように、言葉の意味の範囲が広いうえ、社会に対して強く警告を発するという点でも、「マインド・コントロール」ではなく、「洗脳」という表現に統一して話を進めたい。

†洗脳のレベル

洗脳といっても、さまざまな方法、レベルがある。直接的で即効的なものもあるし、一年後に効果が発現するものもある。基本的なテクニックは二種類ある。ひとつは本人に意識された状態で行なわれる場合、もうひとつは気づかれないうちに行なわれる場合である。一部で、前者の意識されているほうが「洗脳」で、後者の無意識下のものは「マインド・コントロール」とする定義がなされているようだが、重要な違いではないと思われる。意識された状態で行なわれている洗脳も、ある程度洗脳が進むと、無意識化されていくのが普通であり、区別してもあまり意味がない。

両者をもう少し詳しく説明しよう。まず意識された状態でなされる洗脳の場合。

その人を洗脳する必要性があるということは、たいてい本人自身の内なる目標とは違っているわけだから、心理的抵抗が起きてしまう。簡単にいえば、本人は嫌がる。しかし嫌がっても関係なく、本人を従わせてしまうような一連の技術が、「洗脳」の手法なのだ。具体的には、独房に長いあいだ投げこんだり、ロールプレイングのように常に相手に主従関係を強いて、それをいつのまにか固定化させてしまう。看守と監獄に入っている囚人との関係などもそうだが、最初は反抗していても、しばらくすると自然にその関係が成り立っている。このように、本人が抵抗しても強制力を働かせ、いつのまにか相手をコントロールしている方法が、典型的なやり方である。これは古くは中国共産党が開発したやり方だといわれている。

一方、洗脳していることを意識させない方法をとるなら、単純に、何が埋めこもうとする命題であるかを隠せばいい。それ以外は、本質的には前者と同じである。

たとえば、「科学的なデータをとるために、ロールプレイングの実験を行なうことになった」と被験者に告げる。それから囚人役を監視役の監督下におき、それをしばらくつづければ、自然発生的に、囚人役には隷属的な態度が生まれてくる。もちろん囚人役の被験者を奴隷にするのが本当の目的だが、被験者には、はじめに「科学のための実験だ」などと説明すればよい。これに似た方法はいわゆる自己啓発セミナーのたぐいでも利用されている。[2] これは隷属化という本来の目的を教えていないから、相手に意識されていない洗脳手法の一例である。意識的なやり方よりも巧妙といえよう。

また洗脳を知るバロメーターとして、洗脳の深さ、浅さという問題がある。どちらが危険かは明言できないが、外的刺激に対する認識の判断基準が、肉体に近いか、抽象度の高い思考すなわちフィロソフィーに近いかで、洗脳の深度は決まってくる。抽象度の高い思考に依拠するほうが、手のこんだ深い洗脳が施されていて、解けにくいと考えられる。

もっと具体的にいえば、ある人間に撃てと言った瞬間に、勝手に指が動いて引き金を引いてしまったとしても、それは抽象的な世界でなく、具体的な物理世界の身体性のレベルで仕掛けがされているわけだから、これだけでは洗脳が深いとは考えない。もちろんきわめて危険な洗脳だが、このような洗脳が単独で施されているのであれば、脱洗脳は比較的容易なはずである。一方、ある哲学的、政治的思想を唱えている政治家について、ある人間に「彼の存在は、われわれにとって非常に問題があるので何とかするように」と吹きこみ、その人間が自分で考えて自主的にその人を刺しに行ったなら、それは抽象的思考をともなっているので、脱洗脳は一筋縄ではいかない。そして多くの場合、洗脳者は抽象度の低い（肉体的刺激に近い）洗脳と抽象度の高い洗脳を組み合わせているのが普通である。

催眠の分野に置き換えていえば、手を上げたり下ろしたりする筋肉の運動を支配する催眠は、浅い洗脳にたとえることができる。他方、ものの考え方や記憶、視覚に働きかける催眠は、脳内の情報空間を操作するので深い洗脳といえる。

しかし、嫌がる人間に撃てと命令して引き金を引かせるのは、いくら浅い洗脳の段階とはいえ簡単なことではない。洗脳の深度は、テクニックの難易度と比例しない。

†変性意識と神秘体験

洗脳のメカニズムには、深度だけではなく、施された刺激の種類も重要な要因となる。具体例として、ＬＳＤといった薬物刺激、言語的な刺激情報・抽象思考を利用した言語誘導による催眠、過呼吸などの呼吸法、肉体的な運動などがあげられる。また、それをどう利用するかによって効果や結果が異なってくる。

オウムにおいて積極的に利用されたヨーガには、プラーナーヤーマと呼ばれる、自然な身体運動でリズミカルに、長時間鼻から息を吸って止めて吐く調気法や、人間の体の霊的エネルギーのセンターとされるチャクラを解放することを目的とした筋肉運動、あるいは、アーサナなどと呼ばれる、たとえば座った状態で片足だけ伸ばし、両手で伸ばした足の親指と人指し指を持ち、深く息を吐きながら前へ倒れるといった、ゆったりとした動きのヨーガの調気体操を行なうものなどがある。そこへ教義を中心とした思想を織りまぜて指導していけば、内部表現を操作して、深い洗脳状態に持ちこむことができる。これは、ヨーガが深い変性意識状態を生成するからである。

すべての洗脳は、必ず変性意識状態（altered states of consciousness）が介在している。以前〝意識集中状態〟という言葉で、マスコミなどに説明したこともある。学問的な術語では〝変性意識状態〟と呼ぶ。

感覚が一切遮断された空間に長時間いたとき、意識が変形して、夢を見たり酩酊したような感覚に襲われたりする。そういった意識状態を変性意識状態という。ヨーガは、強力な変性意識状態を生みだすのに有効な手法のひとつである。変性意識状態では、意識的な心的活動が抑えられ、無意識レベルにある心的内部表現が外部化するので、他者はアクセスしやすくなる。つまり心の深奥に、グル側が自由に出入りでき、本人と対話できる。さらにグルの能力が高ければ、そこにある思考パターンなどの情報を書き換えてしまうこともできる。

単なる健康法としか思えないヨーガが、どうしてここまでの深い変性意識状態を作りだせるのか理解しにくいかもしれない。そこで具体例を示しながら説明してみたい。

通常ヨーガをはじめる前には、先に説明したようなアーサナと呼ばれる呼吸法を組み入れた調気体操を行なう。古くから知られていることだが、[3]体操の途中、ゆっくり呼吸しているときに脳波を測定してみると、リラックスしたときにみられるシータ波とアルファ波が支配的になっている。グラフにすると深い催眠と同じようなカーブを描いているのである。つまりヨーガにおいては、初期の調気法と体操のみで、変性意識状態に沈んでいくことができるのだ。[4]あとは、そのあいだにマントラを唱えたり、少し心身を緊張させるポーズをとってから、ゆったりと座禅を組み、ニルヴァーナを連想させるような瞑想を行なったりする。すると本人の変性された意識は、さらに深い世界に入りこみ、快感が体中を走りまわる。

催眠による洗脳とヨーガによる洗脳は、基本的に同様の効果が確認されるが、ヨーガのほうが言葉に頼らないぶんテクニック的に容易である。伝統のなかで培われてきた呼吸法や瞑想などで抽象空間を築きあげることが可能だからだ。催眠では、術者は言葉で空間を描いていかなくてはならず、慣れていない普通の人が行なうことは難しい。

ヨーガによって変性意識状態になること自体は決して悪いことではない。むしろそうなることで、精神的な障害が治癒するなど、いくらかの治療効果が期待される。ヨーガすべてに問題があるわけではなく、長い歴史をかけて築きあげられた体系ゆえに、高校野球で甲子園をめざす野球部の監督や、オリンピック選手のコーチなどが用いる心理操作技術などより、はるかに効果的な暗示効果を引きだすことができる技術といえる。

ヨーガとあわせて語られることも多いチベット密教の瞑想には、チュウの瞑想⑤など有名な瞑想があるが、そういったものをヨーガと組み合わせて行なうと、具体的でビビッドな絵や写真が、強烈に、立体的に頭のなかに描かれて、抽象空間に臨場感が出る。そしてビジョンが見えてくる。単に見えるだけではない。立体的に体験できるものなのだ。やったことのない多くの読者にはわかりにくいかもしれないが、まばゆい光が現れ、光の空間ができ、そのなかに大きな立体的なものが屹立している。

この瞑想によって想起された擬似空間と非常に似ているのが、数学や哲学の抽象世界である。一部の数学者は経験していると思うが、目の前に、触れることができる臨場感を持って、数学の宇宙がひろがっているように体感することがある。才能ある数学者にきわめて高度な抽象思考が可能となるのは、抽象空間をこのように体感できるからであろう。数学的定理の宇宙は、命題を解こうとしている数学者の目前に、はてしなくひろがっている。そこにたとえ虚数が漂っていたとしても、実際にその存在を感じることができる。このような数学者は、その思考空間の宇宙に生き、立体的な数式を組み換える作業をし、定理を発見していく。哲学者の目の前にひろがる哲学の宇宙も、まったく同様である。ヨーガや密教の世界もこれと同じで、修行者は瞑想中、非常に高い抽象思考を観想していくなかで、暗闇に急に光がさしこんでくるような感覚に襲われる。やがてそれは立体的に、色や匂いをともなって空間全体を覆い、修行者は仮想世界へといざなわれることになる。

この仮想的に体験できる高次元世界は、現実の物理世界より、はるかに次元が高いものに感じられる。ＬＳＤを体験したときのように、時間的歴史は混濁し、軸の入り乱れた多層的で連続的なｎ次元空間が眼前にひろがっていく。リアリティあふれる立体感、匂いが感覚を征服し、さらに魂は次元の高い空間にひろがり浮上する。そこに到達した修行者は、恍惚とした快感が走り、巨大な知識体系に一気に投げこまれたような感激をおぼえる。これを俗に神秘体験と呼んでいる。これはヨーガやチベット密教に限ったことではなく、禅の瞑想や日本密教の観想、数学、哲学を徹底的に極めても、同様な体験が得られる。

この現象は、変性意識と深く関わる脳神経回路レベルの悪戯ともいえる。しかし、悪戯にしても、それは本人にとって圧倒的なリアリティを持っているので、そのプロセスを科学的に説明しても、本人が体験を偽物だと認められない場合が多い。神秘体験そのものを否定することはできない。もちろん、脳神経回路レベルでそのような悪戯が起こるメカニズムの因果そのものは、科学者にとっても神秘的である。その意味で、ランナーズハイの状態で疾走しているマラソン選手に、「気持ちがいいのは、ただの脳内現象だ」と声をかけても、ゴールまで走ることをやめない心境と似ている。神秘体験とは、本人にとってそれほど圧倒的ですばらしい体験なのである。

しかしその怖いところは、その体験があまりに神秘的かつ絶対的なものであるために、その出来事を際限なく求めつづけてしまうことだ。神秘体験の圧倒的な体感と感激は、普段は冷静な科学者さえ、一気にオカルト的な方向に押しやってしまう場合がある。一度オカルト的なものの考え方を受け入れると、超自然的な説明さえもが説得力を持ってしまう。「グルがあなたのために導いてくれたんですよ」という説明が入れば、その体験で得られた快楽と等価値に匹敵する帰依を、誓ってしまう危険性がある。⑥グルイズムの危険はまさしくこれである。

こういったやり方以外にも、神秘体験を引きだす方法はいろいろあり、LSDその他のドラッグや、過呼吸といった特殊な呼吸法を用いることもできる。あるいは、筋電図や血圧、脳波などをモニターでチェックしながら、自分で緊張を解除するコツを会得させるバイオフィードバック（biofeedback）を応用し、脳波状態に合わせて光を点滅させたり、あるいは心臓の鼓動に合わせて拍子を打ったりすることも、変性意識を引きだす要因となる。⑦

余談だが、オウムに、教祖と同じ周波数構造の脳波を発振しているというふれこみの、パーフェクト・サーベーション・イニシエーション（perfect salvation initiation）というヘッドギアがあった。しかし、これはバイオフィードバック的洗脳のための道具としては機能していないようである。ヘッドギアには、電極がとりつけられていて、強烈なパルスを周期的に頭の局所に流す仕組みになっている。このヘッドギアの本来の意図は、脳の側頭野に強い電流を流すことで、なるべく信者の出家前の記憶を消すことだったのではないだろうか。

†至福体験とトリガー

先に述べたように、人間にとっては電気よりも光が重要なファクターとなる。一般的に、人間は太古から闇を恐れ、光を崇めていたとされる。約一八〇〇年前に書かれたとされるヨハネによる福音書⑧でも、光崇拝の傾向が見られる。太陽系で進化した生物である以上、光崇拝が遺伝子に書かれた情報であることは否めないだろう。あらゆる原生動物から脊椎動物まで、眼で代表される何らかの受光器官を持ち、自然淘汰のルールにより、光の認識とそれに対応する自律行動のより優れた個体が子孫を残してきたのである。また、植物は光合成で光から電流（電子の移動）を引き起こしてエネルギーをとりだす。⑨そして、この植物による光合成が全生物へエネルギーを供給しているのだ。すべての動物は、食物連鎖によって、もともと植物がとりだしたこの光エネルギーを、みずからのエネルギーとして摂取する。当然、食物連鎖の頂点にある人間のエネルギーも、もとは植物連鎖の始点である植物が受け取った太陽光のエネルギーである。

このように太陽光は、文字どおり、すべての生物にとって活力の根源である。生物にとってのエネルギーは光のみからとりだされ、食物連鎖によってのみこれを摂取することができる。全生物のエネルギーの根源としての光の本質を、われわれの本能は認識しているのかもしれない。光は、時代を超えてあらゆる人間にとって絶対的な聖域として感じられてきた。太陽よりも明るく、多彩で美しい光という神的存在が、目の前で立体感を持って輝きだし、そこに自己が溶解していったなら、その瞬間、地上で得ることのできるすべての快感以上のものが一気に体中に流れこんでいく。これが、いわゆる至福体験である。

このような至福体験ないし神秘体験を、一瞬で簡単に引き起こす方法がある。われわれがトリガー(trigger)と呼んでいるメカニズムを利用するのである。

トリガーは引き金という意味で、地雷のスイッチの役割を果たす。被洗脳者は、偶然トリガーに接触することによって、過去の忘却していた記憶が蘇ってきたり、埋めこまれた神経プロセスが作動し、自動的に思いがけない行動に駆られてしまったりする。トリガーが引き金となって引きだす脳に埋めこまれた情報を、イカリという意味から、アンカー(anchor)と呼ぶ。(10)

人間の記憶というのは不思議なもので、一度経験したことは、きっかけを与えられれば臨場感をもって想起できる。たとえばヨーガを六〇時間つづけて、ようやく得られた体験でも、LSDによる幻覚でも、そのあとになって、術者側の言葉だけで、あるいはそのほかの何らかのトリガーによって、そのときと同じ世界を体験することができる。したがって、LSDや長時間の瞑想などで引き起こされた神秘体験の体感状態を、何らかの引き金となる言葉や合図などのトリガーに呼応するように脳内にアンカーしておき、あとでこのトリガーを利用すればいつでも神秘体験を体験させることができる。

たとえばオウムでは、麻原教祖の唱えるマントラの声が聞こえると、すぐに光が見える至福体験が蘇ってくるように、ＬＳＤなどを使って信者たちにアンカーしていた。

心理療法家であり脱会カウンセラーであるトバイアスとラリックは、トリガーを「はっきりしたトリガーとしては、カルトで歌ったり聞いたりした音楽、マントラ、祈り、くりかえし唱えた文句、カルト用語、またはある種の声の調子やリズムがある」としている。また「こうした引き金は、仕事や人間関係など、日常のさまざまな状況のなかに潜んでいる」と危険を指摘し、脱会して五年も経ってから、仕事上の出来事によって、この引き金が引かれてしまった例を出している。(1)

マラソン選手は何十キロも走ったあとで、「あんなに苦しい思いは二度としたくない」と思っても、やはり走ることが好きで、時間があれば近所を走って、ゴールした瞬間のスタジアムの歓声を想像のなかで聞いていたりするものだ。それと同様に、グルが記憶を蘇らせるテクニックを持っているなら、修行者が普通の世界に戻っても、何かつまらなさを感じてふらっと道場に現われたとき、今度は苦しい修行をさせることなく、容易に至福体験に導いてやれる。光が見える状態をアンカーすれば、教祖のイメージや、マントラなどのトリガーで、信者を洗脳状態に引きつけておくことができる。これはオウムに特殊なわけではなく、ヨーガの体系にも含まれている洗脳的手法である。

†ホメオスタシス仮説

ここで、なぜ変性意識下において、仮想世界がリアリティをもって眼前にひろがるのか、そのメカニズムを解く仮説[12]を論じていこう。それは、人間の内外の環境変化に関わらず、生理的性質を一定に保とうとする恒常性機能、ホメオスタシス(homeostasis)[13]と関係があるものと考える。もともとホメオスタシスは、生体と物理的環境の関係におけるフィードバック関係において、気温が上がれば発汗するなどの作用で生体の恒常性を維持し、それにより生体の正常性を保つための、生物の自律的なメカニズムを指す言葉である。しかし、どうやら人間は、脳機能の進化により、本物の外的物理環境ではない、触ることのできない想像上の環境、すなわち仮想的な世界(仮想現実世界)に臨場感を感じ、生体レベルで恒常性維持のフィードバック関係を築くことができるようになったらしい。

映画を見ていると手に汗を握るのは、まさにこれである。認知科学の用語では内部表現というのだが、記憶や現在の思考、概念などの抽象的情報を含む心的な自我の表現と、これに対応する外部的に自分をとり巻く環境(物理的現実世界もしくは仮想現実世界)とのあいだで、ホメオスタシス・レベルのフィードバック関係を成り立たせる能力が人間にはあるのだ。

外部からの刺激を、頭のなかのスクリーンに映しだす内部表現は、外的な環境が変化するのに合わせて、みずからの情報内容を刻一刻と更新するわけであるが、たとえ外的な環境が本物の物理環境ではなく、映画や小説などの仮想的な環境であったとしても、一度臨場感のあるフィードバック関係が成立していれば(要するに映画に熱中していれば)、外的な環境における状態変化が生体レベルにまで、フィードバックして影響を与えてしまうのである。たとえそれが現実の物理世界と異なる情報であったとしても、このホメオスタシス・フィードバックの関係において、内部表現側が脳内の劇場で与えられた架空の情報を、あたかも本物のように上映すると、観客である認識機能は、それを真の情報だと思いこみ、実際に視覚化してしまう。

たとえば、何も見えていない状態で、「ここに蓮の花が生えている」という情報をインプットする（外的環境に暗示の言葉などで描写する）と、本当に蓮の花が現われてくる。映画や小説で涙を流してしまう（架空の出来事で、実際に生体が反応する）のも、このためであると説明できる。同様に、催眠状態における幻視、幻覚、幻聴、運動支配、退行といった現象も、情報空間までひろがったホメオスタシス機能として説明できるとするのが、ホメオスタシス仮説である。これは、仮想世界に臨場感を感じることができる人間の脳機能の作用を一般的に仮説化したものであるが、同時に「聖痕現象」と呼ばれるような精神側から肉体側への極端な影響が与えられる現象も説明することができる。

たとえば、術者が「焼けるように熱い」と言いながら、箸を変性意識下にある人の腕にあてると、焼け火箸のように感じて、実際にその箇所が火傷したような状態になる場合がある。あるいは受難の日、イエスが十字架につけられたとき打ちこまれた釘の傷を連想させる瘢痕が手のひらにでき、ときにはそこから血が吹きだす現象が、「聖痕現象」であるが、これも仮想の情報によって、脳が稼動し、肉体に変化をもたらしたものである。

ここまでくると、術者側のキャパシティは、すでに全知全能の神の領域に匹敵するように見える。ないものを一瞬で出現させる。金が欲しければ、山のような札束を見せ、メルセデスベンツに乗りたければ、いつのまにか、自分は車内でハンドルを握っている。ここが痛いといえば、そこを治し、違う自分になりたければ、圧倒的なリアリティを持った、五次元、十次元、n次元空間にまで、仮想世界を引き伸ばして、それぞれの抽象空間のなかで、思いどおりに楽しませてくれる。

そして被術者は、限りなく深く、その世界に陶酔していく。あとはどんな教義を教えても、それに論理矛盾があろうと、それは神の啓示であるから、乾いたスポンジに水が染みこんでいくように吸収し、価値ある教えをいただいたと狂奔する。

広大なn次元空間がひろがっているにもかかわらず、自分にはまだ、底辺の一部分しか見えない。しかし術者である神は、さらに高い次元空間に立って、こちらを見下ろしている。それは蟻が高層ビルを見上げるようなものである。だから自意識では、与えられた教義は論理的矛盾をはらんでいるのではないかと疑っても、もっと高いn次元空間では完璧な論理なのだろうと思いこんでしまうのだ。

教義の埋めこみが完成すると、術者は絶対的な存在として、肉体的にも精神的にも依存しきっている被術者の内面すべてに君臨する。宗教とは無縁の単なるヨーガであっても、そこにどこからか拝借してきた宗教的な教義の情報を刷りこめば、ヨーガ教室の先生でさえ神格的な存在になってしまう。

これは、朝鮮戦争時に明らかにされた、過去中国共産党が行なっていたとされる洗脳テクニックより、はるかにレベルの高いものである。ただし旧来のやり方でも、それに匹敵する充分な体験を引きだすことは可能である。たとえば、暗い独房に長時間拘束し、感覚遮断して、その後、形を変えた同じメッセージを何度も何度も聞かせたり、睡眠を極度に剥奪したりすれば、肉体的には神秘体験をしてしまう状態に限りなく陥る。

通常われわれが洗脳という言葉を扱う場合、これは洗脳者側に一方的に有利な情報を埋めこむ場合を指している。だから生徒の未来のために、教師が洗脳的手法を用いても、一般には洗脳とはいわない。ただし、与えられる情報が、術者側のみに有利なものかどうかの見極めは、実は非常に微妙な問題である。外的な兆候として、ただ単純に、世界中のどんな場所でも、あらゆる時代のフィルターを通しても悪とされていることを、善であると説いていれば、それは明らかに怪しい。たとえば、「人殺しをしなさい、私のために」というメッセージが埋めこまれたなら、はっきり洗脳的関係が成立しているといえるだろう。

†洗脳の段階

次に、脳内で起こる具体的な洗脳のメカニズムについて、私が提唱するホメオスタシス仮説をベースに、四つのステップにわけて論を展開してみたい。

ホメオスタシス（homeostasis）とは先にも述べたが、生体を維持する恒常性機能のことである。もともとホメオスタシスは、生命体としては物理的な環境と物理的な生体とのあいだのフィードバック関係により、生体をより永らえさせるために、自律的に調整を行ない、恒常性を維持するメカニズムである。ただ、人間は抽象空間に臨場感を持てるまでに進化するに至ったので、このホメオスタシス・フィードバック関係の相手先の環境を、仮想的なイメージや空想の世界にまでひろげることができるに至ったというのが、私のホメオスタシス仮説である。

人間は長い歴史のなかで進化するにつれ、脳内に抽象的イメージが映写されたとき、体もそれに反応するようになってきた。たとえば、暑い日に、部屋に南極の氷山の写真を貼っておくと、見ているだけで涼しくなる。これは脳内イメージに、ホメオスタシスの働きで体の感覚が近づいたからである。だから、「人間は、ホメオスタシス機能を内蔵している以上、生得的に洗脳の魔の手からは逃れられない」のである。よく、洗脳されやすい人、されにくい人がいると主張する学者がいるが、それは施されたテクニックの向き不向きの問題であって、洗脳されない人などこの世にはいない。映画やテレビの番組の好き嫌いはあるが、臨場感を感じる映画やテレビの番組が、誰にでも必ずあるのと同様である。われわれは生きている以上、常に想像している。たとえば、歩きながら考えごとをしたり、電車に乗っているとき車窓の風景を目で追いながら、実は今日の夕食を思い浮かべていたりする。そういった空想の世界を、可能性世界（possible world）と呼ぶことにする。

アメリカの哲学者S・クリプキが、著書『名指しと必然性』（*Naming and Necessity*）[14]のなかで possible world という用語を使っており、日本の有識者はこのクリプキの定義を可能性世界という言葉の定義に主に利用しているようであるが、様相論理（modal logic）で代表される現代分析哲学において、可能性世界という言葉は、ヒンティカ[15]以来さらに広い意味合いで、さまざまな可能性世界論分析で多様に利用されている用語であるので、本書では特にクリプキ的な意味合いでこの言葉を使用しているわけではないことを、誤解を避けるためにここで明言しておく。用語を厳密にするために、本書における定義は、「物理的現実世界をそのひとつとする、あらゆる時間的空間的に存在しうる物理的現実世界の潜在的可能性としての仮想世界（クリプキ的な意味での可能性世界）と、物理的現実世界におけるその存在可能性を問うことができない仮想世界（SF的な意味での可能性世界）の両方を可能性世界とする」とする。脳内情報処理の観点からいえば、「人間の脳が想定することができる潜在的な存在としてのあらゆる仮想世界」ということになる。

要するに、リチャード・ニクソンが一九七〇年に米国大統領でなかったという可能性世界（クリプキのいう可能性世界）も、惣流・アスカ・ラングレーのいる「新世紀エヴァンゲリオン」の世界も（さらには彼女がいない可能性としての「新世紀エヴァンゲリオン」の世界も）すべて脳が想定することができる可能性世界であり、これらをすべて可能性世界と呼ぶものである。余談ではあるが、可能性として想定できる世界における知識の真偽の問題は、フッサール[16]、ウィトゲンシュタイン[17]、フレーゲ[18]、ヒンティカ、クリプキ、ムーア[19]らから現代までつづく分析哲学の主流的な問題のひとつである。

†体感的条件づけ

まず、洗脳のステップ1は、迷信や因習などで定義される可能性世界の命題を利用して、この可能性世界の命題が、ホメオスタシスのフィードバック関係の介在によって、物理的な現実世界に存在している心と体に影響を与えるメカニズムを構築することからはじまる。

わかりやすくいえば、旅行先の旅館で窓を開けたとき、真下に墓が見えたら、背筋に寒気をおぼえたりすることだ。旅館の部屋と墓とは別の空間で、そこには本来何の因果関係もないことは頭ではわかっているのだが、墓は縁起が悪いという因習的可能性世界の命題と、それにともなう嫌な気分が、ホメオスタシス機能を介在して、生体レベルまでフィードバックされ、別空間の部屋にいる読者の背筋が凍るわけだ。

これはある友人の話であるが、彼はベルリンの壁崩壊前、東ドイツ出身の女性医師と、国際学会でたまたま知り合い、交際していた。ベルリンで会うことができないので、プラハやブタペストでよく会っていたそうだが、彼女が選んだデートの場所はいつも、何と墓場だったそうだ。その地域では、墓地はきれいな公園状態になっていて、市民の憩いの場だったのである。

日本のように、墓が不吉だという概念を、東ドイツの女性は持ち合わせていなかった。だが墓という命題に対して、ほとんどの日本人は、洗脳のステップ1の過程を逃れられないだろう。もっというなら、何らかの可能性世界の命題に対して、人である以上、洗脳のステップ1の段階は、程度の差はあれ終了している。また、一般にカルトによる洗脳においては、これら社会因習レベルの命題をさらに拡張して、カルトの教義に合わせた、迷信的命題の刷りこみが行なわれている。たとえば、オウム[20]では、黒は地獄の色なので、黒い服は着てはいけないとか、ロックミュージックは地獄の音楽だとか、自分よりステージの低い人や凡夫（オウム以外の人）と同じ部屋で寝ると、悪いカルマが移るとか、同様に、頭を触られるとカルマが移るなどという。

このように洗脳のステップ1では因習的な情報の刷りこみがなされ、これが、「ぞっとする」といった体感的な経験と結びつけられる。特定の表象と、特定の臨場感状態を結びつける日常的作業の反復としての、ホメオスタシス・フィードバック・ループの構築がなされるのである。

†臨場感の強化

これが洗脳のステップ２に進むと、可能性世界の臨場感が、現実世界の臨場感より強くなる。ステップ１のレベルでは、あくまで臨場感は現実世界にあり、そのなかでたまたま見た窓の外の墓地の風景によってぞっとしても、それは一時的な気分にすぎない。これがステップ２では、現実世界の臨場感がもっと薄れる。たとえば、旅館の自分のいる部屋の様子が目に入らなくなり、墓場の臨場感が部屋中を満たす状態である。

たとえば映画館で映画を鑑賞しているとする。われを忘れて映画の世界に没入することは珍しくない。椅子に座っており、前の人の頭が見えているはずであるが、椅子の感触はもはや意識にのぼらず、前の人の様子も目に入らなくなっている。テレビの野球中継に熱中している人に話しかけても聞こえないのは、まさにこれである。ハリウッドの映画プロデューサーや、テレビ局のディレクターがさまざまな技術を使って画面を制作している現在、映画やテレビは洗脳のステップ２の道具としても有効に機能しているようである。

ステップ２では、映画館のなかでその人は映画の主人公になりきっており、自分がサラリーマンであることや、いまが二〇〇〇年だということをすっかり忘れて、タイタニック号が沈没するシーンではは冷や汗がどっと吹きだすのである。もちろんカルトが洗脳で用いる可能性世界の臨場感は、われわれが娯楽で利用するような映画やテレビの世界とは異なる。ニルヴァーナの光体験であったり、また逆に、無間地獄の恐ろしい映像であったりする。まるで映画を観ているとき、主人公になりきって映画の世界を体験するように、ニルヴァーナの世界を体験させたり、地獄の恐怖を体験させるのだ。これを何度もくりかえし体験させることにより、可能性世界の臨場感をどんどん強めていくのである。

もちろんオウムのように直接的に、信者を独房に入れて、ビデオを一〇〇時間以上見せつづけるようなやり方もあるが、ストーリーを話として何度も聞かせるという方法もある。単なる話であっても、その臨場感をあなどることができないのは、小説の例を思い浮かべればすぐに理解できるだろう。誰でも小説を読んでいるあいだは、小説の世界に浸って主人公になりきっている。映画を観ているときと同じで、現実世界の臨場感よりも小説の世界の臨場感のほうが勝る。小説を読みながら涙を流すのは、決して珍しい光景ではない。

洗脳者側が小説家なみにストーリーテリングが上手であれば、映像を使わなくても言葉だけで、洗脳のステップ2を確立することは可能である。また、催眠術師が言葉だけであらゆる可能性世界の体験を臨場感をもって体験させることができるのも同様である。人間は、ホメオスタシスを持っている以上、本質的には、誰でも生得的にステップ2の仕掛けから逃れられない。

催眠はもちろんホメオスタシス現象のひとつであるが、洗脳という発想から見ると、単なる映画的な意味での受動的臨場感にとどまらず、積極的に可能性世界に参加しやすくなる能動的な臨場感を引き起こすのに有効な手段である。術者の技術レベルがハリウッドの名監督級に高ければ、洗脳には特に有効となる。

脱洗脳を行なうにあたっては、ステップ2の意識状態を理解することが重要である。会話をしたとき、一見まるで、通常の意識状態の人であるかのような会話がなされるので、洗脳状態にあるとは思えないと外的には観察されたとしても、被洗脳者の目には、通常の意識状態の人が見ている現実世界とまったく異なる世界が見えているのである。

洗脳の解けた元オウム信者は一様に、ぱっとしない（と私は思う）あの麻原教祖の顔が、洗脳時には、誰よりも恰好よく、魅力的に見えていたという。また、ゴキブリが這いまわる汚れきったあのサティアンのなかも、すばらしく清浄な世界に見えていたという。同じものを見ているようで、まったく違ったものが見えている状態が引き起こされる。これがステップ2である。

†アンカーの埋めこみ

ステップ3では、ステップ2の状態において、さらにイカリであるアンカーが埋めこまれる。アンカーの埋めこみは、前にも述べたように、トリガーすなわち引き金によって、あらかじめ埋めこんでおいた臨場感体験を即座に再現するために行なわれる。

普通、登場人物になりきって迫力ある映画を鑑賞しても、映画館を一歩出れば、現実社会に引き戻される。その映画の臨場感がよほど強くても、その影響は、そう長くはつづかない。ヤクザ映画を観おわったあと、肩で風切って歩く人もいるが、せいぜい家に着くまでだろう。同様に、どんな深い催眠も、一晩寝ればおわりである。睡眠ほど深い変性意識状態はないからだ。

ステップ3の目的は、こんな常識をくつがえすべく、次の日も映画の臨場感世界から抜けだせなくなるような、いわば逃げることを許さない催眠のサイクルを仕掛けることにある。

催眠において催眠術師は、被術者が催眠状態にあるとき、のちに催眠から醒めてから、指を鳴らすなどの合図をすると、体が勝手に踊りだすなどといった暗示をかけることがある。後催眠暗示と呼ばれる方法だが、これは典型的なアンカー行為である。

オウムでは、一〇〇時間もの長時間にわたって地獄のビデオを見せつづけたり、薬物を用いて空間がぐにゃぐにゃしたりするような恐怖体験を植えつけていた。ビデオには、サブリミナル手法を用いた戦争のシーンなどの刷りこみも確認している。[21]これらの恐怖体験を、教義を疑ったり、麻原教祖を疑うという行為（オウムでは「疑念」と呼んでいる）にアンカーしていた。

だから、運よく家族が救出に成功したとしても、このアンカーをとり除かなければ、家族やカウンセラーが教義の誤りを指摘するたびに、その行為がトリガーとなって、植えつけられた恐怖体験がよみがえってしまう。あたかも催眠術師の合図（トリガー）で、後催眠暗示が機能して、体が勝手に踊りだしてしまう催眠被験者のように、本人のアンカーに対する自覚がまったくなくても、体が勝手に反応してしまい、無間地獄の恐怖を味わうことになってしまう。体が、勝手に恐怖で震えだすのである。つまり、カウンセラーや家族がよかれと思って、オウムの教義を攻撃すればするほど、救出された信者はより恐怖におびえつづけることになる。もちろん、この恐怖から逃れるには、オウムに戻るしかない。無間地獄の恐怖の臨場感世界から抜けだすために、信者は窓から飛び降りてでも逃げだそうとする。なぜなら、オウムの誤りを指摘する家族がいる場所は、ステップ2の成果で、信者の目には無間地獄にしか見えないからである。映画を観ているとき、目の前の人の頭や、隣の人の存在が見えなくなって、映画の可能性世界に入りこんでしまうのと同様である。トリガーが起動した状態では、家族は見えていて、見えていない。家族の顔は、ある意味で、地獄の悪魔にしか見えないのだ。

逆にオウムは、麻原教祖を思い浮かべたり、麻原教祖の写真を見たり、麻原教祖のマントラをテープで聞くといった行為をトリガーとして、ＬＳＤやヨーガの瞑想で築きあげた至福体験をアンカーしていた。したがって、家族にオウムの教義の誤りを指摘され、無間地獄の恐怖を味わっている最中に、麻原教祖を思い浮かべつづけたり、麻原教祖のマントラを聞きつづけたりすることで、一気に、光を見て頭がぼーっとする気持ちよい体験に逃げこむことができる。運よくオウム信者をオウムから救出することに成功しても、カウンセラーや信者の家族がオウムの誤りを指摘し、麻原教祖を攻撃し、オウムの教義を捨てさせようとする努力のすべてが、逆に、アンカーを起動し、ますますオウムの可能性世界の臨場感へ追いこむきっかけになってしまう。

このようにオウムは、疑念をトリガーの代表とするいくつかのアンカーを、薬物、ヨーガ、チベット密教の瞑想、長時間のビデオ、頭への電流ショックなどを利用して、巧みに信者の脳に埋めこんでいる。トリガーとアンカーを、ヨーガや薬物による強烈な変性意識体験と組み合わせることにより、いわば、逃げることを許さない催眠サイクルをつくることに成功しているのである。

ここまでくれば、洗脳は成功している。もちろん現在のオウムでもこうした手法が継続的に行なわれていることは、私自身が最近行なった脱洗脳から確認している。

この、逃げることを許さない変性意識状態を引き起こすトリガーの言葉の例が、オウムでは「疑念だ」という言葉である。この言葉は、信者がオウム内部にいるときも、よく使われている。普通一般の人が聞けば、何の違和感もない言葉に聞こえるが、信者にとっては、前述したように、恐怖のどん底に突き落とされる地雷である。これは通常、よりステージの高い師が、下級の信者に向かって発する言葉なのだ。下級信者の言動のなかに教団に対する不信感の萌芽を見つけられて、「疑念だ」と注意された瞬間、本人の瞼の裏には、イニシエーションなどで見せられた無間地獄の恐ろしい光景がまざまざと浮かびあがる。浮かびあがるという言葉は正確ではないかもしれない。なぜなら、後催眠暗示で踊りだす被験者のように、無間地獄の恐怖で全身が本当に震えだすのである。

†永遠の洗脳サイクル

最後に、洗脳の最終段階であるステップ4について解説する。

このステップでは、醒めない変性意識サイクルのはてしない循環に意識がはまっていて、抜けだそうとしても、ホメオスタシスに連結した鎖によって引き戻され、さらにその鎖に以前よりも強くがんじがらめにされる。すでに被洗脳者にとっては、現実世界のほうがよほど映画の仮想世界のように感じられ、非常に現実感の乏しいものとなっている。映画の世界に住みつづけ、目の前に現実世界があって、それが目に入っていても、見えていないという状態が永続化する。

これも催眠状態を例にとるとわかりやすい。催眠状態においては、たとえステージの上にいても、客席の聴衆は見えておらず、術者の構築した可能性世界の事物しか見えていない。また、それらの事物は実際に触れられるし、匂いもあるし、味もあるように感じられる。そういう臨場感世界が永続化するのである。ステップ3においては、臨場感世界は、薬物やヨーガやビデオで体験している最中の体感を、アンカーで埋めこんだものであり、「疑念」などのトリガーによってそれが発火するような仕掛けがなされているという意味で、逃げることを許さない催眠サイクルであった。これに対してステップ4では、いってみれば催眠のような変性意識状態そのものが、永続的につづくようになっている。催眠から覚めた瞬間に、また催眠に引き戻されてしまうというような、覚めない催眠サイクルが仕掛けられるのである。

催眠において催眠術師は、被術者が深い催眠状態にあるとき、もう一度その深度まで至らせる手順を省くための方法として、自分の人差し指を見るなどの印で、すぐに同じ深い催眠状態に戻るという暗示をかけることがある。これも後催眠暗示のひとつであり、典型的なアンカー行為である。この場合、人差し指を見るとホメオスタシス機能が自動的に作動し、深い催眠に落ちる。ステージの催眠ショーで、瞬間催眠と称して、ある合図とともに深い催眠に被験者が入るショーがある。これもあらかじめ催眠状態に入れておき、何らかの合図ですぐに催眠状態に入るようにアンカーしておくのが、常套手段である。

洗脳においては、このような深い変性意識状態に引き戻すためのアンカーを、ありとあらゆる脱洗脳状態に関係する事柄や、考え方、言葉などに結びつけておく。したがって、運よく一時的に洗脳状態から抜けでたとしても、すぐに洗脳状態に引き戻されてしまう。一時的に変性意識状態から抜けでたとしても、覚めた瞬間に、覚めたという体験そのものが、深い変性意識を引き戻すためのトリガーとして働いてしまうのである。

このレベルにくれば、もはや洗脳から自力で抜けだすことはできない。また、このステップ4の状態を何か月、何年と経験すれば、もはや現実世界は遠い夢の世界へとしりぞいてしまう。この四つのステップで、洗脳は完成する。

†オウム報道の危険

一九九五年、地下鉄サリン事件以降、テレビ画面には教祖麻原彰晃の顔写真や肉声があふれ、上祐史浩幹部の一方的な記者会見が加工されることなくワイドショーなどでたれ流しにされた。同じような間違いが起こらないように、はっきり指摘しておくが、このことは脱会したかに思える元オウム信者にとって、非常に危険な仕打ちである。なぜなら、顔写真、オウム用語、マントラなどに無数のトリガーが埋めこまれているため、テレビを何気なく見ているだけで、それらがいっせいに発火し、またもとの世界に吸引されてしまうからである。

したがって、オウムの有力な幹部をテレビに出すことは慎重にすべきだ。テレビの出演者というのは、視聴者のいる空間をコントロールできる権限を持っている。元オウム信者が、たったひとりで部屋でテレビを見ていたなら、真っ暗な映画館同様、容易に変性意識を引き起こすことができる。オウム幹部が話しはじめた瞬間、部屋は上九一色村か富士宮の道場と化し、意識は現実世界を離れて浮遊しはじめる可能性がある。

実際私が観察していても、洗脳が解けてもいないのに、脱会したと公言している信者がいるが、アンカーが抜けないかぎり、完全に現実世界に戻ったとはいえないのだ。

†ダークネス・バウンダリーに魅せられた人々

それにしても、洗脳というテクニックで無意識を操ることをおぼえた「教祖」という存在とは何なのか。

人の心には、決して素人が素手で触れてはいけない意識の闇の部分がある。それを本書では、ダークネス・バウンダリー[22]（darkness boundary）、すなわち闇の境界線と便宜的に呼ぶことにする。フロイトは、抑圧[23]が、「無意識」と「前意識」（意識）の体系の境にある表象について行なわれる過程であるとしているが、まさにこの心的外傷（トラウマ）[24]が、記憶の淵に押さえこまれて抑圧されるその意識の底の界面が、私のいうダークネス・バウンダリーである。

その闇の境界線を踏み越えて、人間の心の深淵を操作することが許される人がもしいるとすれば、精神的な思考トレーニングをかなり積み、精神的スキルを身につけた思想家や宗教者、もしくは、きわめて熟練した精神科医や心理学者などであろう。しかし実際、巷にはこの境界を安直に超えてしまう方法がはびこり、未熟な人物がその技を体得して、簡単にその領域に侵入し、トラブルを引き起こしていることが多いようである。

もちろん臨床的なスキルがなくても、ダークネス・バウンダリーを超えて、健忘された心的外傷を本人に今一度想起させるだけで、心因性の問題が解決することがある。場合によっては、歩けなかった人が立ち上がったりする。そんな経験を一度でも体験すると、それが偶然の産物であったとしても、この境界を超えた本人（催眠術師、自己啓発セミナーの主催者、祈禱師、新興宗教の教祖、民間療法のヒーラーなど）は、自分が特別な能力を持っていると勘違いしたり、周囲の人間がその人をあがめだしたりして、トラブルの輪をひろげることになる。カルトのはじまりは、何らかのきっかけでダークネス・バウンダリーを超えてしまった教祖とその周囲の「勘違い」がその発端となっているといっても過言ではないだろう。

ダークネス・バウンダリーという領域には、不思議な魅力がある。一度そこを垣間みると、その闇のパワーに吸引され、その人が持ち合わせているキャパシティによって、その後、多様な航路をたどることとなる。変性意識を自由に操れる技術を持った人は、人格次第で治療者にもなれるし、ミニカルトの教祖にもなれるのである。

人物をモチベーション別に分類してみよう。意識の深淵を垣間みて恐くなり、もうこれ以上関わりたくないと思った人は、そこで止めてしまう。人のために尽くそうという高邁な精神は持ち合わせていないが、これはビジネスになるぞと思った人は、自己啓発セミナーやマルチ商法の道に走る。それとは異なって知識欲があり、人の役に立ちたいと思う人は、臨床家になる。そこに宗教的霊性が加わると、聖人となる。しかし宗教的霊性だけを重んじ、現実世界での高尚な精神がともなわない人は、闇のパワーの魅力にとり憑かれ、カルトの教祖となる。その教義は個人の精神を導くという命題を忘れ、言葉面のみの地球や人類の救済、超能力の賞賛に徹したものになる。

現実世界の空気を吸って生きていくことが、われわれ人間本来の姿である。可能性世界への過剰な逃避は、現実世界で感じる痛みを希薄にする。洗脳の副作用は、この痛みに関する人間的な感性の鈍化であり、他者に対するラディカルな意味での想像力の欠如なのである。

†教育は洗脳ではない

洗脳に関する意見はさまざまにある。しかし東京工業大学助教授であり宗教学者である上田紀行氏の、「学校教育も洗脳である」と考える姿勢[25]には、本質的に違和感をおぼえずにいられない。

私が問題にしている洗脳は、まずグルがいて、個人がいる。そこに生じる関係において、グルは神秘体験を感じるほどに絶対的な存在で神格的な存在であるという意識状態を被術者に作りあげ、意のままにコントロールしてしまうレベルのものを指す。「人を殺してもいい」と思ってしまうレベルのものを、私は洗脳と考えているのだ。もし教育分野で、それと同レベルの先生が存在すれば、それは確かに洗脳的な教師かもしれないが、なかなかお目にかかれないだろう。

違和感を持った理由のひとつとして、洗脳は、教育とともに一般化されて論じるべき問題ではないことがある。

まず手法において、教育は、本人もしくは保護者の同意のもとに、知識内容を言語化して顕在的に伝えるものであり、この方法は公に定められたルールに従っている。その手法の正当性は常に客観的に吟味されている。もちろん幼児教育の場で、道徳や倫理教育の一環として、ある程度無意識レベルに訴えかける情操教育は行なわれてはいるが、これにしても無意識を介入的に操作するような手法ではありえない。手法の健全性を逸脱すれば、教師はすぐにも職を失うだろう。

一方、洗脳においては、その手法の正当性が、公に吟味されることはない。洗脳は、本人もしくは保護者の同意のいかんにかかわらず一方的に行なわれ、その過程において、無意識を直接的または間接的に操作する。本人に顕在化して伝えられる情報以外にも、隷属化させるアンカーなど、客観的に正当性を吟味できない種類の情報の埋めこみがなされる。

それに加えて、万が一、たとえ両者に似通った手法があったとしても、本質的にその目的が違う。教育者である学校の先生たちが完璧だとは思わないが、少なくとも日本国憲法をはじめとするさまざまな公的ルールのなかで、教育は、誰もが希求しているものである。教育は本人自身の将来の利益のためになされ、洗脳は本人以外の利益のために行なわれる。未成年が登校を嫌がったとしても、親権者である親が学校に通わせることは、将来そこから享受されるメリットを考慮すれば、一方的な洗脳行為を幇助しているとは言いがたい。洗脳と教育、こういうことを混同してはいけない。

私が危惧するのは、洗脳という概念が相対化され、教育でさえ洗脳なのだから、オウムのやっていることは氷山の一角だ、という論理がまかりとおるおそれである。

日本社会を俯瞰したとき、バーチャル・リアリティだけに快楽をおぼえる人種が、急激に増殖していることを発見し、私はずっと終末的な危機感をいだきつづけている。「エヴァンゲリオン」[26]世代の子どもたちは、テレビ・ゲームのなかで人を殺すのを別に何とも思わないし、スイッチを無造作に消しても何も感じない。そういう発想が現実世界に持ちこまれると、神戸小学生殺傷事件のようなことが起こってしまう。少年がバモイドオキ神への誓いにしたがって人をあやめても、それが彼の意識のなかで、まったく現実性を帯びていない。

オウムが、法廷で証明されないかぎり信者がサリンを撒いたとはいえないと主張しているのも、同じ論理である。つまりオウムは、現実問題としてサリンがばら撒かれ、人が殺されているという現実を知りながら、相対化された修行という、意図的に外界と遮断された空間のなかに意識を浮遊させて、外側の世界は内側の論理とは違うと言いわけすることで、責任逃れをしている。こういった相対論者の危険性は、社会全体のあらゆる分野に潜んでいる。世の中には人命のように相対化してはいけないものがあるということを、人間は決して忘れてはいけない。

第2章　脱洗脳のプロセス

第1章では、人間が、洗脳という呪縛にからめとられていく過程を紹介した。今度は、それをほぐして解体していくデプログラミングのプロセスについて詳述しよう。

†デプログラミング

デプログラミングや脳機能研究を行なっていないときの私の仕事は、アメリカの大学院内の研究所で学んだ計算機科学の技術を生かして、インターネット内に侵入したクラッカー（ハッカーと呼ばれることもある）によるクラッキング（ハッキング）を阻止するプログラムなどを、政府機関などからの受託で構築することである。その作業は緻密で、数式と記号を操る世界なので、計算が間に合わないときは、徹夜で方程式と格闘することになったりする。

クラッキングを防ぐ方法には、敵のシステムを解析して、その傾向をつかんでから相手が暴れないような防波堤を築くか、あえて一度侵入を許したのち、敵を内側から炙り出し、解体して潰すシステムを導入するやり方がある。防衛システムが一度でも構築されてしまえば、永遠にそれが機能し、内側にいたクラッカーの破壊プログラムは、まるで抗生物質を投与されたように死滅していってしまう。

この作業は、カルト宗教に毒された頭脳を、もとどおりに清める作業に酷似している。序章にも述べたとおり、私はこの脱洗脳のプロセスを、プログラムを解体するという意味で、デプログラミングと呼んでいる。この章では、その過程を二段階に分けて説明し、また、失敗しないポイントを五つ加え、あわせて七つのデプログラムの手法をあげてみたい。ちなみに、一部の過去の書物では、デプログラミングを「強制を伴う脱洗脳」と定義づけ、どちらかというとネガティブなイメージの語彙として使用しているものがある。本書では、もちろんそのような意図は持っていない。むしろデプログラミングという用語を、脱洗脳を明確に説明できる単語として積極的に用いようと思っている。

†アンカーの発見

まず、デプログラミングとは、無意識下に沈んでいるアンカーを、表面に浮き立たせてやる作業のことである。その作業中、私は一瞬だけ、被洗脳者にとって教祖的存在になる(もちろんデプログラミングの最中だけだ。このような状態になるのは長くて数時間ほどである。誤解なきように)。デプログラミングのステップ1として、たとえば相手が、オウムの洗脳者ならば、チベット密教における仏教用語のなかに、アンカー作用を発現させるものが見られたりする。私は被洗脳者との会話の流れで、徐々にそれを発見していく。そして本人に、その言葉の作用を自覚させるのである。

アンカーを発見するまで、私は相手の話をじっくり聞く体勢をとる。オウム信者ならば、彼らに好きなだけ説法をさせる。そして、トリガーめいた言葉を発見すると、それを何度も口に出させ、どんな感じがするかを確認してみる。

ある信者には、〝法を破ると死ぬ〟というアンカーが入っていて、それはあるトリガーを発見したことで確認することができた。本人は、言葉によってその作用を自覚させられるまで、非常に苦しそうな様子であった。

もしも、アンカーについての知識を持っていない脱会カウンセラーに、トリガーだけを踏まれて放っておかれたなら、その信者は、その後、一晩中どこかを歩きまわって、わざと凍えて息絶えてしまうところだったであろう。しかし、面談中、その信者は本来なら自殺のトリガーである部屋の小物を見たり、会話のなかでそういった言葉が思わず出てきても、自殺しなかった。それぞれのトリガーが持つ自殺を正当化させてしまう力に触れても、それを無意識レベルで打ち消してしまうよう、本人には気づかれないように、何気ない会話や仕草を使い、あらゆる言葉とそのイメージが持つ反応を細かくチェックしながら、ときにその反応を打ち消すような無意識への働きかけを行ない、また、その結果から起こるさざなみのような小さな心の動きひとつも見逃さないように気を配っていたのである。

その結果、トリガーを踏んでもアンカーは作動せず、気分が悪くなる程度で済んだのだ。

†アンカーの無効化

デプログラミングのステップ2では、アンカーによって脳内でホメオスタシスが機能するという連鎖を断ち切る作業をする。オウムは、ヨーガと薬物を利用した肉体的洗脳によって、とりわけアンカーによる身体性を最大限に利用し尽くしているカルトであるが、こういったアンカーは、言葉によって本人に自覚させることから、とり去る作業に入ることができる。

無意識に沈んだアンカーを浮き立たせるためには、被洗脳者と一緒にすごす空間を、デプログラマーが支配するとともに、その空間を操作する必要がある。たとえば、被洗脳者が変性意識に陥った状態で、「入信前の記憶は右側、後の記憶は左側に分けましょう」と指で円を描く。それから「その境界線上に、法を破ると死ぬという、黄色のトリガーが浮かんでいますね、それをとりましょう」と、風船を割るような真似をする。すると、同時に被洗脳者の頭のなかからも、そのトリガーが無意識レベルで効果を減ずる。「そして、現実世界の記憶である右側の赤い世界と、オウムにいた可能性世界の記憶である左側の青い世界とをくっつけましょう」と、ふたつをぐっと引き寄せる動作を見せる。すると、相手の目には赤と青が混じり合った紫色の円が見え、同時に過去と現在の記憶が連結していく。それはすなわち、オウムの世界が現実世界に溶けこんでいくさまなのだ。ふたつの円が完全にひとつになったとき、本人はオウムにいたときの自分を消滅させたり、否定したりするのではなくて、それを忘れないで本来の姿に戻ることができるのである。

ちょっと聞くと、奇術師のマジックのように思われる方もいるかもしれないが、変性意識状態においては、第1章で述べたように、軽い幻覚や幻聴が起きるのはあたりまえのことである。また心理分野の専門家なら、訓練をつづければ、友好的でない相手と対面したときの緊張した場面においても、高い確率で相手を変性意識状態に持ちこめるようになるし、場数を踏んでアンカーを炙りだすコツをつかめば、デプログラマーになることもできるかもしれない。

しかし、技術的に未熟な人が行なって、作業の順序を間違えたり、変性意識をうまくコントロールすることができないと、デプログラミングされている人は記憶が混乱したり、さらに洗脳が深まったりする。

だから、こういった作業は、やはり精神医学や心理学に詳しく、経験も積んだ専門家が行なうべきである。デプログラミングの具体例は、後章で述べるつもりである。

†空間の支配

ここで、デプログラミングという作業を行なう際の重要な注意点を述べておきたい。

まず脱洗脳は一瞬の勝負で決まるということだ。これは最も初歩的であるが、重要な要素である。最初会ったときに、誰が空間を支配するかである。この、空間の支配権、制空権をどちらが握るかというのは、無意識レベルでの出来事であるので、単に「あっ、あのすごい有名な先生だ」などと思ってもらえるようなレベルでの立ちいふるまいでは不足である。「この人からオーラを感じるぞ」などと思ってもらえるならば、ある程度の制空権を握ったことになるだろう。しかし、そのように相手が意識して感じるようなレベルの出来事だけではなく、無意識レベルにおいても、内部表現と呼ばれる脳内の表象に、外界の環境によってホメオスタシス機能が作用したとき、脳の内側の表象の主導権をどちらが握るかという勝負である。要するに文字どおり、どちらが「心をつかむ」かである。この空間の制空権を握れれば、そのデプログラミングの第一歩は成功したといってよい。

もちろん自信がなさそうにしていたり、少しでも隙があれば、相手はここぞとばかりにつけこんでくるので、これだけでも制空権は握れない。なぜなら彼らも、友人や知人、または街頭で見知らぬ人を口説いて勧誘してきた、ある意味でプロだからである。微妙な心の動きや弱みなどは見透かされてしまう。だからはじめてデプログラミングの相手に会う瞬間は、私にとって特に緊張する一瞬なのである。

もちろん、いままでこの段階でしくじったことはなく、自信はあるのだが、常にデプログラミングは一回一回が真剣勝負である。だから前日から、最初はどう話しかけようか、どんな服を着て、どう座っていようかと思案する。たとえばオウム信者と会うならば、黒は縁起の悪い色とされているので、黒い服はご法度である。白い服に紫色のネクタイでもしてみようか、などと思いめぐらしてみる。

†無意識の共有

二番目のポイントは、多少話したくらいでは無意識下にどんなアンカーが眠っているのかまだわからない状態なので、相手に思うがままに話をさせ、さらにこちらがある程度誘導した会話を長時間行なう。そうすることにより、相手が気づかないうちに、無意識下の情報を、こちらの操作しやすい形で認識することができる。私が得意な操作の方法は、無意識レベルの情報を色や形に置き換えて視覚的に相手に示す手法で、できるだけ、相手の無意識レベルの情報をビジュアルに捉えていく作業をする。特に、アンカーをはっきり浮き上がらせるために、アンカーに関わりそうな会話は何回もくりかえす。もちろん、相手はこちらがアンカーのサーチをしていることには気がつかないが、できるだけはっきりととらえられるまで、何度も同じような内容の会話をくりかえしたり、異なる方向からアプローチしたりする。もちろん、デプログラマーによっては、別の表象的な方法が得意な人もあると思うが、私のやり方は、アンカーも色と形でビジュアルにとらえていくのである。このためには、相手と無意識レベルでの情報交換が必要となる。この意味で、最初の段階から相手とは無意識の共有が不可決である。

たとえば、催眠状態でみんなでダンスをすると、前に立ったダンサーが右手を上げれば、ほとんど見ていなくても、みないっせいに右手が上がる。しかし、本人たちに自覚はなく、目のはじに、ダンサーの手がちらっと映っただけである。

もっと軽いものでたとえると、チームワークが非常にとれたスポーツチームでは、これから決勝戦に臨むという作戦会議のときなど、コーチが正面に立って、何気なくちょっと手を上げただけで、選手たちも影響されて手を上げてしまうという現象が見られる。これは、コーチと選手のあいだに心理学者がラポールと呼ぶ深い信頼関係を介した無意識の共有があるためで、コーチがそうしろと命令したからでなく、彼の言うとおりに動くと勝てるという条件反射的な軽いアンカーが、選手たちにすでに浸透しているのである。それは、数多い過酷な試合をともに乗りきり、無意識にコーチを信頼し、彼の作戦は間違いないというテーゼを、選手全員が自覚することなく感じているからなのである。

デプログラマーの一挙手一投足を被洗脳者が意識的に観察しているような状況では、変性意識状態を利用したり、心を許した者同士の人間関係（ラポール関係）に裏づけられた無意識の共有関係を使って、アンカーを捕捉することは難しい。本人に気づかれないうちに、無意識レベルの空間の制空権を握り、相手の心の内部表現を表象化し、ビジュアル化しないことには、心に浮遊するアンカーをとらえることは不可能なのである。

†アンカーの確認

無意識を共有した状態でアンカーの捕捉ができたなら、次は、発現してきたアンカーの種類や特性を選別する作業に入る。三番目のポイントは、会話や仕草によって選別され浮きでてきたアンカーが持っている命題を操作することである。命題の操作にはさまざまなやり方があるのだが、ディベートを例にとると、複雑な論理関係の操作を思考上の空間で行なう方法がある。

ディベートの試合中は、両チームのすべての発言内容の流れをチャート化してノートに記録していく。このチャート化した内容をフローと呼ぶ。もちろん、論理は複雑な抽象空間でからみ合っているので、ノートに書かれるフローは非常に抽象化された形になっていたり、円や矢印などで簡略化されており、フローのリアリティある形態は、ディベーターの思考イメージのなかにのみ立体化して存在する。これを言葉とジェスチャーを使って相手チームと審判に伝えるのである。強いディベーターほど、フローにおける表現力と伝達の技術が優れている。

章の最初で説明したように、私はジェスチャーを使って、まるで目の前に黒板があるかのように、空間に丸い円を描いたり色づけしたりして、相手の心を立体化させる。そして、あたかもそのなかに私が入りこんで、話を進めているような感覚でデプログラミングを行なっている。オウム信者が相手なら、「右に現世があって、左にコーザル界があって、ここに丸い〝法を破ると死ぬ〟というアンカーが浮いていて、黄色をしている。じゃあこれをとって、右と左を合わせたら、ここは現実世界だね」と、ぐーっと空間を引き寄せる真似をして話を進めてきた。このように相手の脳内の情報を私の周囲に仮想現実的にビジュアル化し、相手に見せ体感させた状態で、さらに臨場感あふれるイメージ操作を私の言葉や仕草を使って行なうのである。

†教義に深入りしない

四番目のポイントに移る。教義を安易に話し合うべきではない。また、なまじっかな知識で教義についてのディベートを仕掛けるのは、大変危険なことである。統一教会のように、教義的なロジックが中心の宗教カルトは、教義のみで反省するかもしれないが、オウムのような教団では、教義批判のみで対応していくのは難しい。

笑い話のようだが、キリスト教教育を中心に受けてきた私は、一九九六年当時、仏教知識はほとんどゼロであった。たとえばオウムのホーリーネームに、釈尊の弟子たちの名前などが多いことは知っていたが、釈尊の生涯についての知識は皆無に等しかった。あまりにも知識がなかったため、さすがにオウムの女性最高幹部だったU元正悟師をデプログラミングする前の晩は、一夜漬けで手塚治虫の漫画『ブッダ』[1]を読んだ。もちろんそれで仏教が身につくわけではないが、ディベートの技術と、長年学んだキリスト教的宗教観をベースに立ち向かえば何とかなるだろうと推測した。

仏教やチベット密教について造詣が深いのなら、それに越したことはない。しかし、なまじっかの知識であるならば、かえって危険である。知識の勝負でディベートに勝ったとしても、アンカーが起動し、かえって逃げられてしまう可能性もある。そういう意味で、漫画『ブッダ』レベル以上の知識を付焼刃で学んでも、かえって逆効果であると踏んだのである。

いままで何も教義のことを知らなかった信者の親たちに、教本をとり寄せてじっくり読むようにと指示し、あとで同じ本を読んだ信者本人とディベートさせる方法もあるらしいが、これは逆効果になることもある。親がちょっと学んだぐらいの教義の知識では、もともとオウムとのディベートに勝ち目はない。それぐらいなら、教義などなしでやったほうがましである。別に教義を知らなくても、本人の言うことを、ただ「うんうん」と聞いているだけなら、自分の信じてきた宗教には論理矛盾がないと思いこんで一生懸命話し、それだけでアンカーが作動することは少なく、教義の本を実際に見せるよりは、はるかに安全である。なまじっかオウムの教義やチベット密教の用語を学んで、信者との会話に利用すれば、ありとあらゆるアンカーが発動する危険性があるのだ。

†専門家との協力

最後の五番目のポイントを述べる。もしアンカーをとり損なうことがあれば、デプログラミングされている人は、非常に危険な状態に陥る。アンカーには、〝死になさい〟という命令を下すものもあり、それを見つけたときは、息苦しくなったり、吐き気を催したり、窓から飛び降りそうになったりする。それを知らないで、そんな内容を指令するトリガーの地雷を踏むと、最悪の場合、死に至ってしまう。

だから、心や脳のメカニズムに詳しい専門家以外は、脱洗脳の作業には携わらないほうがよいのではないかと思う。やはり自分の領域で、処理できる範囲で尽力するのが、失敗しない秘訣である。

最近の例では、薬漬けにされた信者がいたので、私はすぐにプロの精神科医にお願いした。「クスリの影響が抜けたら、次は私が引き受けます」ということで、バトンリレーをしたのだ。私は別に精神医学の知識がないわけではないし、どの薬をどう処方すれば効くかというのは、一応はわかるつもりである。しかしこの範囲のものは、おたがいプロがやるべきことなのである。また、薬物中毒の疑いだけでなく、精神異常（たとえば分裂病など）が被洗脳者に見られたときも、やはり同じように精神科医にお願いするだろう。

ただし、現在の精神医学や臨床心理学の授業カリキュラムのなかには、実践的に、洗脳、脱洗脳という分野は盛りこまれていないし、科目としても存在はしていない。トレーニングを受けていない精神科医や臨床心理学者が行なうことは、やはり難しい。その場合、スキルを身につける必要がある。ましてや、洗脳について知識のない人たちが、脱会カウンセラーであるスティーブン・ハッサンの『マインド・コントロールの恐怖』[2]を読んだくらいでは、同じことを実践しようとしても土台無理な話なのだ。

余談だが、本というのは遠隔洗脳に使えるツールでもある。デプログラミングのときは、徹底的に外部から情報を遮断して作業を行なうわけだが、本ひとつで内部の環境はがらりと変わってしまう。たとえばオウムは、逮捕されて脱会しかかっている信者に接見して、中沢新一氏の『虹の階梯』[3]という、チベット密教の教義と修行を解説した著作をさし入れていた。一般の書店で誰もが気軽に購入できる本なので、さし入れ禁止の対象物とはならなかった。しかし、刑務所や拘置所の独房で、たったひとりでこの本と向き合ったとき、どういうことが起きるか。本に散りばめられた、トリガーであるチベット密教独特の用語によって、アンカーが作動し、信者にとって独房がそのままサティアンの個室のように感じられるようになる。すなわち刑務所が、独房修行の場となってしまう。チベット密教そのものをどうこう言うわけではないが、事実、この中沢氏の『虹の階梯』が、オウム幹部に熱心に読まれていたことは、元オウム信者の複数の証言から確認されている。オウムから隔離されて長時間すごせる環境が与えられ、家族はせっかくほっとしているのに、これでは逆効果なのである。

†自分の守備範囲を守る

話をデプログラミングに戻そう。

現在、脱会という作業は、牧師や僧侶が善意で行なっているケースがほとんどだ。しかし、善意であっても、知らないうちにトリガーを踏んでしまい、アンカーが作動し、死なれる危険性もはらんでいる。普通の人が鬱状態になって、町のカウンセリングに通うのとはレベルが違う。カルトに対して勇敢に立ち向かえる人は、日本中を探してもまだ少数であり、善意で脱会の援助をしてもらうだけでもありがたいことだが、こと洗脳という分野に関して、特にオウムの信者については、とり扱いは十分慎重にして欲しい。

一九七八年に起こったカルト教団・人民寺院の集団自殺は、明らかに洗脳によるものであったし、一九九九年四月にアメリカのコロラド州リトルトンの高校で起きた銃乱射事件も、その可能性は捨てきれない。そういった軍事目的にも利用されかねない素材を、黒板を前に、素人が無理に「集団」を作ってこうやりましょうとやるのではなく、どうやって予防するべきかという知識を学んで、洗脳による被害が起きたときの対処法を研究したほうがよいのではないかと思う。

私は欲張らず、いま持っている知識と能力でできる、自分が一番得意な範囲のことだけしかやりたくない。デプログラミングされる人も、する人も、命がけのリスクを負っているわけだから、失敗は絶対に許されない。

前にも述べたが、鳥になる催眠をかけられた人が手足をむやみにバタつかせても心の病気ではないのと同じように、洗脳も病気ではない。しかし洗脳は、誰もが持っている機能が働いてなされる作用であるから、それだけに厄介で恐い。

オウム信者のなかには、三年ぐらい独房修行に入っていたり、LSDや覚醒剤などの違法薬物を投与されたりしたため、本当に精神に異常をきたしている人もいる。薬物濫用の臨床経験が豊富であれば、このような人をケアすることもできるが、私のようなレベルであると、精神科の専門医にまずケアしてもらい、そこではじめて、アンカーとりの作業にとりかかることになる。もちろん、精神科医であっても、違法薬物の依存症の措置までとり扱える経験豊かな先生は、国内ではごく少数であるので、私が協力を依頼するのは、国内でもトップレベルの専門医である。

†アンカー概念の起源

アンカーという概念は一九三〇年代から存在していた。もともとは、ミルトン・エリクソン[4]派がずっと使用している言葉であった。文字どおり錨の意味から始まっている用語で、ある特定の体験を想起させるような、何らかの言葉づかい、言葉のトーン、仕草などを指す言葉である。ただしエリクソン派は、催眠という現象にしか興味を持っていなかったので、デプログラミングに応用するところまでの研究はされなかった。

エリクソン派のアンカーの用途はふたつある。ひとつは単に、有効にセッションを進めるためのツールである。つまり時間を短縮し、テクニックを簡略化できる便利な道具として扱われていたのである。たとえば、自然に変性意識を引き出すのに二〇分かかったとすると、その段階で、「私が右肩を触ったら同じ状態になりますよ」というアンカーを埋めておけば、次は二分で深い変性意識に入っていけるようになる。したがって、さらに高度なセッションを施すことができる。

エリクソン派の学者のあいだでは、変性意識を誘導するような発話をしたり、通常の会話でも話し方を変えるなどといった高度な技術も発明されている。たとえば変性意識を誘導する発話では、常に、低いゆっくりした声で話すといったふうに、話し方そのものを催眠状態をアンカーしたトリガーにすることもなされていた。これにより本来日本で知られている形式的な催眠手法、たとえば「右手が重くなる」と言葉で体の動きを誘導しながらかける古典的な催眠とは異なり、被験者がほとんど意識することなく、自然に通常の会話から変性意識状態に誘導されるのである。こういった自然な行為にアンカーを埋めこむことは、エリクソン派のカウンセリングだけでなく、現代的な洗脳においても利用されている。説法会で教祖の声を聞くだけで、あるいは常に独特のリズムの口調をつづけることで変性意識化するように、被洗脳者は知らないうちに仕掛けられているのである。

アンカーのもうひとつの用途は、心理療法に用いられるケースである。精神障害のひとつの典型として、悪い意味での自己暗示にかかっている人がいる。障害の原因は自分で作った悪いアンカーであり、それを作動させるトリガーをもみずから作ってしまっていたという例がある。エリクソン派は、催眠を利用した臨床手法によって、それらのアンカーを消していく作業をしている。

私はアメリカ留学時代、機能脳科学を学びながら、エリクソンに関する書物を読み漁っていたとき、このアンカーという概念が、さまざまなケースに応用できることを発見した。

この時期、映画好きだった私は黒澤映画を分析したのだが、そこからアンカーをたくさん発見できた。作られた映画の順番にしたがって画面に連続性が見られたのである。たとえば雨が降っているシーンがある。実はそれは前作と繋がっていて、何気なく眺めていると、前作の雨降りのシーンで得た感情がまざまざと蘇ってくる。黒澤は天才であるから無意識にアンカーを埋めこんでいたのかもしれないが、雨が降った瞬間に、前作で一五分かけて作りあげたものと同じ感情が起こり、観客はより深い感動へといざなわれる。

また他のアンカーの作用として、前述したように、生体的なレベルに影響を与えるようなホメオスタシス機能を作動させる性質を持つものがあって、それが洗脳に有効利用されている。

オウムの場合、こういったアンカーは、バルドーのイニシエーション、キリストのイニシエーションなどと名づけられた儀式において埋めこまれていた。儀式の最中に、麻原教祖に歩み寄り、跪いて頭を触られるシーンで、「これはおまえにしか教えないイニシエーションだ」と、具体的内容を麻原教祖が信者の耳もとで囁く。そのようにされた信者は、儀式がそんな意味を持っていることなど知る由もない。埋めこまれたアンカーについても、あとになってからデプログラミング中に発見され、体が気持ち悪くなってはじめてその作用に気づかされることになる。

実は私は、麻原教祖にさえ、アンカーがあるのではないかとひそかに疑っている。暗示によって知らないうちにアンカーが作られ、結局、麻原教祖自身がその世界へどんどんはまりこんでいった。

それがオウムをテロ集団に発展させたひとつの要因だったのではなかったか。

†役割分担

アンカーとりの作業は、ある程度精神医学や心理学の素養のある人なら訓練すればできるようになると思う。ただし、デプログラマーになる素質のある人というのはある。失敗した場合、どう解決するかというのが問題なのだ。そう考えると、精神科医や臨床心理士の先生がベストなのだが、日本の精神医学、臨床心理学に、洗脳や脱洗脳のカリキュラムは含まれていないから、臨床治療のみをしている先生のところに、そのままデプログラミングを任せるのは、やはり無理なのではないか。部分的に精神科医にお願いする場合でも、より経験のある人に頼むのがよい方策だ。

とはいえ被洗脳者は、正常な状態で洗脳されている人もいれば、もともと精神的障害があり、そのうえでアンカーを埋めこまれた人もいる。また、洗脳によっておかしくなった人もいる。精神障害をかかえた人の割合は多いので、そちらの治療も同時に行なえるという意味では、未経験であっても精神科医、臨床心理士の方々に、今後どんどん経験を積んでもらって、デプログラミングに携わっていただきたいと思っている。

牧師さんや神父さんももちろん、認知科学と脳機能についての深い知識や、その知識を利用したデプログラミング手法を学び、さらに精神医学か臨床心理学の一定程度の素養があれば、デプログラマーとして活躍していただけるだろう。

ただ、キリスト教教義を使った異端のカルト教団に対して、正統なキリスト教の教義を用いて脱会カウンセリングすることは、現状を見ても十分可能なことであるが、オウムのように、特殊なグルイズムとチベット密教の独特な修行体系をベースとした教団に対して、キリスト教の教義体系をベースとした脱会カウンセリングを試みても、これはなかなか難しいのではなかろうか。キリスト教とその異端といった同じパラダイムを共有する関係においては、その教義の解釈の論理ディベートも役に立つとは思うが、パラダイムがまったく異なる教義と修行の体系に対しては、論理追求しても説得力がない。キリスト教系の脱会カウンセリングの先生たちの献身的な努力が、ことオウムに対しては有効に発揮されないのは、このような理由によるところが大であろう。

†その他の脱洗脳の手法

さて、ここまではアンカーの無力化について記述した。特に、アンカーとりという作業は、多くの脱洗脳家に見逃されていた作業であるので、具体的な記述が重要であると考えた。ここからはその他の脱洗脳の作業について書く。これから述べる六つの作業は、私が脱洗脳で必ず行なっているものだが、すべてというわけではない。ただし、あらゆるパターンの洗脳に対抗するため、大いに必要なものであると考えている。有効な方法はこれ以外にもないではないが、現在もカルトの洗脳と闘っている以上、開示できる手法には限界があることをご理解いただきたい。

1　イニシエーションの逆転
2　意識下情報のデプログラム（準記号・非記号デプログラム）
3　記号化情報のデプログラム（リジッド・ネーム化、社会的語彙化）
4　カタルシスの中和化
5　フレームの再構築
6　ゲシュタルトの正常化

以上が、主要なデプログラミングの作業である。これらの各作業につけた名前は便宜的に機能群として命名したものである。実際の脱洗脳の現場では、ここまでモジュラーな手法はとらず、六つをある程度融合し同時進行で行なう。

それでは個々の手法について具体的に説明していこう。

†1　イニシエーションの逆転

割礼や各文化における成人式の儀式、伝統宗教の入信式などが、一般的に知られるイニシエーションであるが、あらゆる洗脳には何らかのイニシエーションがあるといっても過言ではない。代表的なものは、宗教カルトにおける入信儀式であるが、自己啓発セミナーの第一段階であるグループ対話などもイニシエーションにあたる。⑤

イニシエーションは、本人の体に刺青などで物理的に施される場合もあるが、通常は本人の心に外傷的なメンバー加入の証が刻みこまれる。これによって、本人は日常社会から切り離され、洗脳集団の一員となった自覚が無意識のなかに刷りこまれる。もちろん、イニシエーションの記憶そのものは通常薄れていくが、その効果は永続的なものである。これは、まさにフロイトのいう心的外傷（トラウマ）が、その出来事の記憶は抑圧されたとしても、その効果は永続的であるのと同様である。

そこでデプログラミングにおいて、このイニシエーションの「抑圧」された効果を無力化し、逆転させる。このために、(1)意識レベルにおけるイニシエーションのシンボリックな意味合いを再解釈させる、(2)無意識レベルにおいて、「抑圧」されたイニシエーションの心的外傷的効果を無力化させる、という作業を行なう。シンボリックな操作は、教団における各儀式の持つ意味合いの再解釈を論理的に行なえばよい。

たとえば、オウムではキリストのイニシエーションという儀式があった。オウムによれば、特別な神秘体験を引き起こし、何らかの教祖の特別な力を授かるイニシエーションであるという。「教祖の超自然的な神秘力を授かる」というシンボリックなセマンティックス（意味合い）があるが、これに対して、あれはLSDが混合されていたのだという論理的解釈を行なうのである。無意識レベルの無力化は、心理療法におけるトラウマに対する働きかけと同様、儀式中に与えられた心的外傷に対する分析的な会話を行なったり、エリクソン派的な介入的な働きかけを行なうことによって実現する。

†2　意識下情報のデプログラム（準記号・非記号デプログラム）

意識下情報のデプログラムとは、無意識レベルに埋めこまれたルール・ベースを無力化することである。文字どおり、意識に上がらないレベルの洗脳のプログラムを解体させることである。準記号的な情報と非記号的な情報を扱う。準記号的な情報とは、記号化されるほどシンボリックではないが、何らかの言葉や概念と結びついている漠然とした思考のプログラムであり、非記号的な情報とは、生体レベルで埋めこまれたプログラムである。

準記号的なルール・ベースの例としては、たとえば前章の例にあったように、一般に日本で育った人は、墓場にいやなイメージを持っている。旅行先で、通された部屋の窓を開けるとあたり一面が墓場で、夕食を出されるとお箸がご飯にさしてあり、食後布団を敷いてもらうと北枕にしてあったりすると、何となく背筋が凍る人は多いだろう。これらは準記号的なレベルで意識下に情報化されたルールである。もちろんカルトの洗脳などでは、頭を触られると不愉快になる（なぜならカルマがうつるから）などといったありとあらゆる準記号化された洗脳のプログラムが埋めこまれている。これらを解体するのである。無論、墓場や北枕といった通常の日本人が持っていそうな準記号ルールさえもデプログラムする必要がある場合もある。カルトがそういったものを利用していることが多いからだ。

準記号的なルール・ベースの解体には、強い無意識への介入的な働きかけが必要である。このレベルにおいては、「墓場は別に変なところではないよ」とか、「頭を触ってもカルマは移らないよ」といった記号レベルの論理的説明はそのままでは威力を持たない。実際に墓場のイメージを浮かべさせながら、過去の嬉しい体験の記憶を引きだしたり、カルトのルールでは不快になる状況下で、過去の気持ちよい体験の記憶を再体験させたりする必要がある。こういった介入的な働きかけを行なうことによって、準記号レベルの因果のルールを断ち切るのである。

非記号的なレベルでも同様である。非記号的なレベルでは、カルマとかエネルギーの交換などといった教義概念が介在することなく直接的にプログラムされたルール・ベースをデプログラムするのである。たとえば、シャクティパット（頭を撫でたり、指で押したり、軽く叩いたりする行為）で光を見るとか、クンダリニーといって脊椎の基底部に螺旋状に漂っているとされる神秘的なエネルギーが、特定の瞑想をすると上昇するといった体験は、行為自体が非記号的であり体感的である。このレベルのルール・ベースをデプログラムするにも強い直接的な無意識への介入が必要である。変性意識下で、まったく別の方法で光を見せたり、クンダリニーが上がる体験をさせたり、逆にカルトの手法で、逆のことが起こるようにしてみせたりするのである。まず教祖の超能力以外の方法でもこれが容易に体験できることを示し、次に、こういったことが起こらないようにしてしまう。つまり非記号レベルでのルールをまず組み換え、さらにプログラムそのものを消去するのである。一度、組み換えを行なうのは、いきなり消去するほどの直接的操作は難しく、まずはルールの方向性を変更して、確実に無意識レベルにおける操作に成功してから消去するほうが成功する確率が高いからである。

†３　記号化情報のデプログラム（リジッド・ネーム化、社会的語彙化）

洗脳とは、通常の物理的現実世界とは異なる仮想世界に臨場感を持たせ、ホメオスタシス・フィードバック・ループを構築させ、固定化させる作業であることを前章では述べた。一度異なる仮想世界に臨場感を持つと、周囲の人と同じ景色が見えていながら、実は違うものが見えている。同じ言葉を聞いても異なる意味をもって聞こえるという現象が起きる。これは、人間ならば誰しも持っている、仮想世界なのに臨場感を持つことができる脳内情報処理能力のおかげであり、したがって洗脳からは潜在的には誰も逃れることができない。このメカニズムは前章で説明したとおりである。

カルトが生みだした仮想世界に一度臨場感を持ってしまうと、洗脳者は、さらにそれを固定化するための道具として、記号レベルからも仕掛けをしてくる。典型的な例として、オウムではホーリーネームなどと呼ばれる本人の教団名や、教団内部でしか通用しない独特な用語をたくさん使っている。もちろんほとんどは、チベット密教やヒンドゥー教からの借り物だが、一般社会で通用する言葉ではない。自己啓発セミナー団体においても、同じように独特な用語を利用している。[6]

準記号ないし非記号プログラムが、教団世界の臨場感を強化するために用いられているのに対し、これらの用語は、その臨場感状態を固定化する効果がある。教団内部での地位や、教団外の一般人（凡夫）とは違うというエリート意識や優越感を本人に自覚させ、通常の言葉の本来の意味を健忘させることにより、日常社会のセマンティックスをベースとした現実世界とのホメオスタシス・フィードバック・ループを希薄化する効果である。言語は思考の形成において中心的な役割を果たす。独特の言語体系を受け入れさせることにより、一般社会からの切り離しを思考レベルで固定化するのである。

一方、記号レベルのプログラミングを解体させるには、リジッド・ネーム化、社会的語彙化といった手法を使う。

リジッド・ネームとは、哲学者クリプキのいうリジッド・デジグネーター（rigid designator 固定指示子）のことである。クリプキは、親が子を名づけるという行為は、名づけられた子があらゆる可能性世界で特定されるという、固有化（リジッド化）の作業であるとした。[7] 固有名詞は教団でも、一般社会でも、あらゆる可能性世界で必ず個人を特定できるリジッド・デジグネーター（もしくはリジッド・ネーム）である。逆にホーリーネームなどの教団名は、個人の本名と違って、その可能性世界のみで通用する言葉である。

リジット・ネーム化の作業は簡単である。親の名づけた本名で呼び、それが本人にとって教団名よりも臨場感が強くなるように、意識並びに無意識のレベルでの働きかけを行なう。また、本人にも本来の名前を名乗らせ、それのみを使用させるようにする。もちろん、教団内で特別な名前を使用していない場合も多い。また教団名を持っていても、もともとの名前が教団内で利用されている場合もある。たとえばオウムでは、ホーリーネームを持つのは出家してしばらく経ってからであり、本来の名前もオウム内での記憶と結びつけられている場合が多い。こういう場合は、デプログラミング期間中、あえて本人にまったく新しい名前を付けて、この名前で周囲が常に呼びつづけるのである。通常一週間もつづければ、新しい名前に慣れるものである。

社会的語彙化の手法も同様である。技術的に特に難しいことは何もない。一般社会で使われている用語を使っての会話をつづけるのである。単に軽いタッチのテレビドラマやバラエティ番組を長時間見せるだけでもいい。語彙レベルで通常の会話を行なうようになると、言語の思考構築性が作用し、自然と社会の論理で思考を行なうようになるものだ。もちろんこれは、前出したアンカーを踏まないためにも重要なことである。

脱洗脳というと、教団の教義を徹底的にディベートし、矛盾を追及する作業であるように思われがちであるが、これは偏ったイメージである。もちろん教義をディベートすることが重要な場面もあるが、これは本来、アンカーとり、意識レベル、無意識レベルのデプログラミング等が一段落してから行なう作業である。ある程度慣れたデプログラマーなら、どのタイミングでも教義のディベートを仕掛けることは可能であるが、安全なのは、リジッド・ネーム化、社会的語彙化といったことを十分に行なってからである。さもないと準備の整っていない段階で危険なアンカーを踏む可能性もある。

もちろん記号レベルのデプログラミングには、語彙レベルのデプログラミング以外に、刷りこまれた教団の論理体系を解体させる重要な作業もある。教えこまれた教義体系のプログラムを解体させるのである。これがまさに一般的に知られている脱洗脳のやり方で、あらゆる論理的手法を用いて徹底的に教義の矛盾を突く。この記号レベルのプログラムの解体には、ディベート技術を利用するのが効果的である。ディベート技術については、次章で詳述する。

†4 カタルシスの中和化

意識下情報のデプログラムは、準記号・非記号レベルの洗脳プログラミングを解体する作業であった。それに対して、この段階の洗脳プログラミングは、トリガーなどによる因果関係に基づいたものではなく、純粋な体験自体が被験者の心を強くとらえている性質のものである。宗教的には神秘体験、セミナー手法などではカタルシス体験と呼ばれているのがこれにあたる。グルにシャクティパットをしてもらって光を見たなどという特定の行為による体験ではなく、偶然のように突然引き起こされる圧倒的な感激体験である。単純にLSDをひそかに処方されたために起こる場合もあれば、長時間の瞑想により引き起こされることもある。また、セミナーなどで擬似的な死と再生の体験などをくりかえしていると、あるとき突然強烈な光を見たりすることもある。このような体験は、特定の因果関係が準記号・非記号レベルでプログラミングされたために起こるのではなく、特別な修行体系などを経験することによって、あるとき偶発的に起こるのである。

このカタルシス体験の圧倒的なリアリティの魅力に憑依され、懐疑的な科学者さえも人格が変わったように神秘世界に迷いこむ例が多い。一九六〇年代米国でのニューエイジ・ブームでは、LSDが特にこういった現象を引き起こしたのは記憶に新しい。また特に西海岸で、タントラヨーガやチベット密教がニューエイジとともに流行したのも、これらの修行体系が圧倒的なカタルシス体験やエクスタシー体験を引き起こしたからだと推測される。

違法薬物を用いるのは論外として、宗教的な修行中にこのようなカタルシス体験を経験することは何ら問題がない。もちろん言うまでもなく、これらの体験そのものは修行体系の価値とは本質的に関係がない。ところが、このようなカタルシス体験が引き起こされるメカニズムそのものは瞑想や観想といった修行の行為に内因的に含まれるものであって、教義なり教団の正当性とは関係がないにもかかわらず、あたかもこれらの体験に宗教的に何か特別な意味があるかのように見せかけるのが、カルトの常套手段である。テロリスト集団が構成員に瞑想をさせ、同様に圧倒的なカタルシス体験が引き起こされてしまう可能性もある。

この体験に神秘体験として特別な意味づけがされてしまうと、その圧倒的なリアリティの体感のせいで、脱洗脳が特に困難となる。これがカルト洗脳で最も厄介な部分である。カタルシス体験やエクスタシー体験と呼ばれる神秘体験は、体験してしまった本人にとっては嘘偽りのない純粋かつ圧倒的な感激体験であり、他人からこれに対してどのような説明がなされても、自身の体験のリアリティを打ち消すことはありえないのである。

なぜあんな学歴の高い人がカルトに洗脳されてしまったのだろうと問われることが多いが、私の知るかぎり、教義の体系の完成度うんぬんの前に、多くの場合このような圧倒的な神秘体験を経験しているものである。その体験のあまりの強烈さに、人格や考え方が一晩で変わってしまうのも特に珍しいことではない。

より理解されやすい同様な体験として臨死体験がある。交通事故などで生死の境をさまよったあげく、運よく死の淵から生還した人たちが、一様に、光のトンネルや三途の川らしきものを見てきた話をする。あれと同様な体験がいわゆる神秘体験なのである。臨死体験を経験した人が、急に信心を持ったり、地球の平和を唱えだしたりするのと同様な体験が、正当な宗教修行における体験でもあるし、またカルトの人工的な洗脳による体験でもあるのである。

さて、これをデプログラミングする手法であるが、こればかりは、より強烈なカタルシス体験なり神秘体験を経験させるしかない、というのが現在における私の結論である。もちろん、運よくカルトがそれほど強烈な神秘体験を利用しているのでなければ、その体験に対して、「それは脳内ホルモンの引き起こしている現象にすぎず、科学的な説明がつくことであり、教祖の超能力とは関係がない」といった論理的な説明が効く可能性もある。しかし、たとえばオウムのようにＬＳＤやチベット密教の瞑想による強烈な神秘体験を利用するカルトが相手の場合は、そのカタルシス体験やエクスタシー体験のリアリティが圧倒的に強いため、こういった論理的な説明は通用しないようである。「それはあなたが経験していないからわからないだけだ。私は自分の体験したことに確信がある」と言われて相手にされないか、論理的説明を受け入れたふりをされて逃げられる可能性が高い。

したがって、強烈なカタルシス体験、エクスタシー体験をともなう神秘体験経験者をデプログラムするには、より強烈な体験を引き起こすしかない。

ＬＳＤや何年間にもおよぶ独房修行より強烈な神秘体験を引き起こす技術。しかし種明かしをすれば納得されるだろう。本人の記憶を利用するのだ。

大学助教授時代に行なった多くの心理物理実験を通じて発見したことであるが[8]、人間は一度経験したことは基本的に、たとえ通常思いだせなくなっていたとしても、完全に記憶から消えることはないようである。たとえば退行催眠においては、それが本当に過去に経験したことの正確な再現であるかどうかはともかく、⑨少なくとも本人にとっては、はっきりした現実感、リアリティで、実際の体験そのものを再体験することができる。さらにわかったのは、体験の臨場感を過去の現実経験以上のものにすることができるということである。過去に、そのときはこれ以上のものはないと思うほどの強烈なカタルシス体験やエクスタシー体験をしていても、その体験そのものの記憶を引きだし再体験させるだけでなく、それよりも強烈な体験を経験させることが可能であるとわかったのだ。

まずオリジナルと同程度のレベルの体験を退行催眠などによって引きだす。その上で、それを少しずつ強化していけば、ある段階を超えると、本人にとっては、はっきりとオリジナルの体験より強烈と感じられる体験を経験させることができる。

神秘体験のデプログラミングではこの技術を応用している。ただし私が用いる方法は、いわゆる退行催眠とは異なり、もっと自然な変性意識生成の方法ではあるが。

一度、カルトの洗脳において経験した神秘体験より強烈なカタルシス体験を経験させられれば、神秘体験の無力化にほとんど成功したことになる。少なくとも、その他のデプログラミングの作業で必要となる、無意識へのアクセスを容易にする強いラポール関係を築くことができる。この関係において、神秘体験のレベルの差が術者側の神秘性や宗教性とは何ら関係なく、単なる技術の優劣の差にすぎないことをはっきり説明すれば、神秘体験は無力化するのである。私は脱洗脳の際にこの説明は欠かしていない。

†5 フレームの再構築

フレームとはもともと人工知能の父のひとりといわれるミンスキーが、知識表現のモデルとして提案したものである。[10] 現在でも人工知能システムにおける知識表現の基本手法として広く利用されている。

フレームの考え方では、人間の概念理解は属性値(attribute-value)ペアによる構造体(素性構造 feature structure ともいう)[11]として行なわれており、この構造体の各属性の値は、あらかじめデフォルトでアプリオリに与えられているものと考えられている。したがって、特定の属性値が情報認識時に不定であったとしても、デフォルト値が常識的推論値となると考えられた。このメカニズムによって、計算機に入力としては与えられていない情報であっても、常識を利用して推論することが可能となると提案されたのである。その後、もうひとりの人工知能の父シャンクが提案したスクリプト理論[12]もフレームの考えかたをベースとしていた。

このフレームの概念に相当するのが認知心理学ではスキーマと呼ばれる考え方であった。特に認知心理学者のノーマン[13]は、スキーマを、記憶の表象としての構造単位のモデルとして提唱しており、行動の記憶の構造単位という理論化においては、シャンクのスクリプト・モデルと同等であった。この用語が、のちに臨床心理の分野でミルトン・エリクソン派にとり入れられ、彼らのNLP(Neuro-

Linguistic Programming 神経言語プログラミング）手法においてリフレーミング（ReFraming 再フレーム）という技術として確立されたのである。[14]

ＮＬＰの解釈では、「リフレーミングとは、個人が出来事を認識するフレームを変更することで、意味を変えること」（changing the frame in which a person perceives events in order to change the meaning）[15]であり、まさにミンスキーのフレームモデルにおいて、フレーム情報の変更が意味理解を変更することに相当する。[16] もともと臨床心理の現場において、症状が起きる状況（コンテクスト）を変えることで治療を試みる行動療法的手法が効果をあげていたのを受け、エリクソン派のバンドラーとグラインダーが六ステップ・リフレーミングとして完成させたものである。[17]

さらに、バンドラーとグラインダーはコンテクスト・リフレーミングの手法を提案している。[18] あらかじめ問題の起きるコンテクスト（もともとは文脈という意味だが、「状況」と訳すとわかりやすい）がわかっていて、そのコンテクストにおいて好まない体感的な経験がある場合、人はその体感自体が嫌いなのではなく、それに対する自分の反応を好まないのであるから、この反応そのものを伝統的な行動療法的に変えようとするのではなく、この反応の意味（meaning）を変えればいいという立場を提案したのである。エリクソン派からの認知行動療法的な提案である。そして、意味を変更するための手法としてフレーム情報を変更する。この考え方をベースとして、一般的な心理療法のモデルとしてリフレーミングを一般化したのである。

バンドラーとグラインダーがあげている例を見ておこう。

ある潔癖症の女性が、家族がカーペットに足を踏み入れるのを異常にいやがり、それが家族問題と化しているほどだった。そこで、本人に誰も足を踏み入れない理想的にきれいなカーペットを想像させ、そこには自分以外誰もいないというコンテクストのフレームを構築した。そうすることで、家族たちの足跡がカーペットについている一家団欒のコンテクストのフレームのほうがはるかにいいことを認識させた。家族がカーペットに足を踏み入れることの意味（meaning）を変えることによって、この問題を解決したのである。

すべての人は何らかの心の問題をかかえている。洗脳者側の手法は、現実社会のどのような環境にとり巻かれたとき問題が起きるのか、その環境のパターンを分析する。次に、その環境に対して、洗脳者の提案する可能性世界において、その心の問題の意味づけを行なう。もちろん、その問題を解決するような意味づけを行なうのである。

あるオウムの女性信者はなぜか、長時間男性といると顔に発疹が出るという問題をかかえていた。病院でもその原因は不明とされた。おそらくよく分析すれば、幼児期の体験などが、そのようなプログラムを無意識下に構築したのであろう。ただ、内科、皮膚科的な問題ではないことは病院で確認されていた。そこでオウムのある幹部は、「発疹するのは邪淫のカルマである」とリフレーミングした。これは邪淫のカルマであるので、オウムの清浄な修行をつづければ治るという説明であった。幹部の提示した新コンテクストは、宗教的な理想でつつまれたいわゆるニルヴァーナの清浄世界であった。

その教えを受け入れたその女性は、実際に道場へ通っているあいだは、たとえ男性信者が側にいたとしても発疹しなかったそうである。この経験をひとつのきっかけに彼女はオウムに出家したのである。これはまさにリフレーミングによる洗脳である。

この女性のデプログラミングを行なうことになった。私のところに来たときはすでに脱会後であり、教義そのものは捨てていた。神秘体験にとらわれてはいたが、これを無力化させるのは容易であった。念のため残存するアンカーもとった。この作業も容易に行なえた。しかし発疹は止まらなかった。もちろん、総合病院での検査でも異常はない。一応、皮膚科の先生からさまざまな塗り薬をもらい、化粧品もいろいろ変えてみたが、発疹は止まらなかったという。カルマの概念が彼女の頭によぎったそうである。オウムの教義を受け入れていたときは発疹は止まっていたというのだから、これでは脱洗脳に完全に成功したとは言いきれない状況である。そこで私の試みたのは、フレームの再構築であった。通常の社会的な人間関係が、本人の無意識下のプログラムにおいて発疹を必要としないようなフレームを再構築したのである。

具体的には、発疹が出ていて、これはカルマと関係あるのかと相談されたときに、無意識に介入的に働きかけることで、まず発疹を止めた。手品のように本人は感じていたが、もともと精神的な問題であり、オウムにいるときには止まっていたのだから、本人の意識に上がらないレベルで本人の記憶を利用すれば、発疹が止まった状態を再現することは可能である。その上で、もともと皮膚の発疹は精神的な要因でも起こりうること、これはカルマによるものではなく、何らかの無意識の作用によるものであることを説明したのである。もちろん、それがどういう無意識の作用によるものかははっきりしなかったが、作用を止めることは、それほど難しいことではなかった。発疹を運よく止められなかったとしても、十分通常の社会のコンテクストでフレーム再構築は可能であったはずである。

この女性元信者の例は、顔の発疹というわかりやすい例であるが、誰でも必ず持っている心の問題に対して、洗脳者側の世界のコンテクストを受け入れさせるため、あらゆるリフレーミングを試みるのが洗脳手法のひとつである。洗脳者が実際にリフレーミングという技術を意識しているかどうかにかかわらず、カルト的な洗脳や自己啓発セミナーではよく用いられている。これをデプログラムするには、通常の社会のコンテクストを構築し、これが洗脳者が被洗脳者をとらえるために構築したフレームより優れたものであることを示す必要がある。言うまでもなくこのためには、意識レベルの論理的な説明と同時に、無意識への介入的な働きかけを併用する必要がある。

†6 ゲシュタルトの正常化

ゲシュタルトという言葉はもともと、ゲシュタルト心理学の創設者であり、一九世紀後半から二〇世紀初頭にかけて活躍した心理学者のヴェルトハイマー（Max Wertheimer 1880-1943）によるゲシュタルト理論（Gestalt Theory）(19)から、心理学の用語として使われるようになったと思われる。構造主義的な認知のモデルに対して、全体という意味の Gestalten というドイツ語の言葉を利用して、全体の意味は、個々の構造的な一方向の組みあげからくるのではなく、意味のある全体として存在しているものであるとした。音楽のメロディーが転調しても（すなわち個々の周波数が変わっても）、同じメロディーとして聞こえたり、ひとつひとつはただの光の点だが、自動車の運転手にとっては、道路の方向性を表わすように見える街灯の連続性などがその例である。有名な例としては、心理テストなどでよく使われる、見方によってふたつの顔に見えたり花瓶に見えたりする「だまし絵」の認識がある。

ゲシュタルト心理学は、心理学における構造主義への批判として、物理学の場の理論に匹敵するような心理学・哲学のモデルをつくろうというところからはじまった。その後、ヴェルトハイマーの助手であったコフカ（Kurt Koffka 1886-1941）が一九二二年に、心理学の論文誌 *Psychological Bulletin* に知覚分野における研究論文を提出した[20]。この論文が特にアメリカで有名となり、ゲシュタルト理論は、アメリカでは知覚心理の理論としてひろまることとなった。その後ヴェルトハイマーとコフカのもとで学んだケーラー（Wolfgang Köhler 1877-1967）の著書 *Gestalt Psychology*[21] が英訳され、一般心理学のモデルとしてゲシュタルト心理学がアメリカで受け入れられるに至った。その後、一九五九年には、彼自身が米国心理学会（American Psychological Association）の会長に選出されるほど、ゲシュタルト心理学は米国で影響力のある学派となった。

このゲシュタルトという用語を借りて、当時ドイツにいたフリッツ・パールズ（Fritz Perls, Frederick S. Perls）[22]は、ゲシュタルト療法（Gestalt Therapy）と呼ばれる心理療法の一派を築きあげた。パールズはナチの迫害を逃れ、南アフリカを経て、一九四六年にアメリカに移住し、一九五二年にはニューヨークにGestalt Therapy Instituteを開く。その後、カリフォルニアに移り、エサレン・インスティチュート[23]でセミナー・シリーズをはじめる。一九六〇年代後半までつづいたエサレンでのセミナー・シリーズは、特にニューエイジ系の支持者を広く集め、アメリカでも影響力のある心理療法の一派となった。ただし、パールズのゲシュタルト療法は、ドイツのゲシュタルト心理学の主流派からは、ゲシュタルト的ではないと批判を浴びた[24]。特に、彼の思想に強く禅の影響が反映されており、また精神世界への傾倒がオカルト的とドイツのゲシュタルト心理学者の眼には映ったのである。

とはいうものの、パールズのゲシュタルト療法は、世界にひろまり、現在では、世界中に数百のゲシュタルト療法センターがあるといわれるまでに至っている。

確かに、いわゆるゲシュタルト療法の臨床家は、「いまここにある自分自身の気づきと実感」といった漠然とした言葉づかいから、どちらかというとニューエイジ系の、いわゆるホーリスティック療法的にとらえられることが多い。もっとも現在のゲシュタルト療法は、ドイツ主流派ゲシュタルト心理学者たちの批判もとり入れた、現代的なものとなっているようではある。

さて、ゲシュタルト・モデルのエッセンスは、「自我の存在を分析的にとらえず、環境との総体的な関わりあいのなかでとらえる」ということにあると考えられる。もともとゲシュタルト・モデルは、構造主義的（かつ行動主義的）な細分化（atomic）分析と、その構造物に組みあげられた全体観に対する批判的な立場からはじまっている。これはゲシュタルト心理学の生みの親のひとりケーラーが、ベルリンでの学生時代、量子力学の父であるマックス・プランク（Max Planck）に師事していたこと、パールズ自身が一九二〇年代当時、ドイツ・ワイマールのBauhaus派の影響を受けていたことも影響していると思われる。

洗脳のひとつの典型的手法は精神のゲシュタルトを破壊することにある。一部のセミナーグループが行なっている、いわゆる「気づきのワーク」などは、皮肉にもゲシュタルト・セラピーを手本にしたとされているが、「いま、ここで」といった言葉をつかい、セミナー団体の構成員としての「いま、このとき」のみに関心を持たせ、本人の過去からの心的な切り離し、さらには、社会的な役割を持った未来からの切り離しを行なうことを目的としたゲシュタルト破壊の手法として機能している。

また、いわゆる「気づきのワーク」では、自己の本来の目的やかかえる問題に「気づく」ことができないのは、無意識のレベルに心的なブロックがあるからだとか、気の流れが悪いからだとか、エネルギーのバランスが悪いからだといった論理を使って、オカルト的な教団の論理を正当化するフレームを構築し、正常な精神のゲシュタルトを破壊することも行なわれている。そして、エネルギー調整のワーク、特別な気を授かるワーク、教祖のイニシエーションといったものを通じて、ゲシュタルトの破壊を次々と進める。この結果、通常の日常世界におけるごく普通の相対的な位置づけが打ち壊され、過去と未来との連続的な関係における現在の自分の位置づけが破壊されるのである。

オウム・レベルの強度な洗脳手法になると、長時間の瞑想や違法薬物による意図的な変性意識生成を利用して、現実社会から意識を解離（dissociation）させ、精神のゲシュタルトの破壊を行なう。さらに、教団のつくりあげる可能性世界とのあいだでのホメオスタシス関係を構築し、教義の世界がゲシュタルトの総体であるような意識の構築を行なっているのである。

また、過去のトラウマに対する反応が、変性意識を生成し意識の解離を引き起こすことは、フロイトの時代から知られている。塩谷智美氏が「マインド・レイプ」[25]と呼んでいる、性的な心的外傷を含む重大なトラウマを執拗に想起させるセミナーの手法は、強烈な変性意識と意識の現実世界からの解離を引き起こす。これも典型的なゲシュタルト破壊の手法である。

このようなゲシュタルト破壊のセッションを何度もくりかえすことによって、現実世界から切り離された自我をつくりあげるのが、ゲシュタルト破壊による洗脳手法である。

もちろん、トレーナーや教祖との対話、あるいはグループで、本人の過去や慣れ親しんだ考え方といったものを徹底的に攻撃し、自我の崩壊を狙うのも、同じゲシュタルト破壊の原理によるものである。

脱洗脳において、この破壊されたゲシュタルトを正常化することは、デプログラミングそのもののプロセスというより、洗脳の後遺症を解決するという意味合いが強い。というのは、ゲシュタルト破壊は、教義や思想の刷りこみという洗脳の中心的な役割に比べると、現実世界からの切り離しという補助的なものであり、デプログラミングの中心的な作業もそのほかの部分で行なわれるからである。

とはいうものの、いわゆるカルトの人間の目つきがあらぬ方向をみていたり、焦点が定まらないのは、まさにこのゲシュタルト破壊により正常な人格が破壊されているからと考えられ、これを解決しなければ、デプログラミングが終了したとは言いがたい。

また、元カルト信者に多いことだが、脱洗脳に成功したあとも、とにかく常に何か修行に代わることをしていないと安心できない人が多い。まるで受験前の受験生が勉強していないと不安になるようなものである。これも、ひとつのゲシュタルト破壊の結果である。通常では、現在とその延長線上にある将来との関わりのなかで、将来の必要性を意識して、現在の自分のなすことを考えることができ、計画的に休息をとることもできるのであるが、「いま、このとき」ではない将来について考えることを忘れさせられ、「いま、このとき」だけに興味を持つことに慣れた元信者には、そのような考え方がなかなかできない。したがって、常に「いま」何か意義があると思えることをやりつづけないと安心できない。まさに被洗脳者側が、常に終わりのない洗脳状態のワークをみずから進んで行ないつづけるのは、ゲシュタルトを破壊し、隷属のルールをプログラムした結果である。

ゲシュタルト正常化は時間がかかる作業である。元信者の脱洗脳に一応成功し、家族のもとへ返したあとでも、突然ふらっと町に出ていって、まるで夢遊病者のように見知らぬ店に入りこんだりして、警察に保護されるような事態になることがある。私が脱洗脳に関わった元信者にも実際にあった。

これを防ぐために、常に体に意識を戻すようなうながしをする必要がある。手とか、足の感触に注意を向けさせ、あるいは、現在自分のいる場所を確認させる。時計を持たせて頻繁に時間を確認させ、現実の世界のなかで時間の流れに乗っている実感を湧かせることなどが重要である。前出（一五頁）のトバイアスとラリックは、脱洗脳後にも起こるこのようなゲシュタルト異常な意識解離の状態を「フローティング」と呼び、これに対処する方法として、健康な体調を維持する、薬物やアルコールは避ける、毎日体を動かさせる、過度の感覚的刺激を避ける、カレンダーや時計など時と位置の目印を定着させる、これからすることのリストを作る、用事に出かける前に、行動や買い物、計画などの予定を書いたリストを見直させる、すんだ項目に印をつけていく、最新のニュースを見聞きさせる、新聞記事を一日にひとつは読ませる、などといったことを薦めている。私も、これらの多くを実際に行なわせている。脱洗脳時に精神科医の協力を仰ぐ場合には、処方されることの多い精神安定剤が、ゲシュタルト破壊状態を再発する引き金になることがあるので、薬の飲ませ方を担当の医師とよく話し合う必要がある。

また、トバイアスとラリックも引用しているが、スターダンサーによる対解離障害のワークシートというのがある。[26]どんなメッセージが意識解離を引き起こし、さらにアンカーされた感情が引きだされるかを、脱洗脳後のリハビリの一環としてワークシート形式で書きだし、解決していくことを狙ったものだ。私自身は、ワークシートという形で書きださせるという方法はとっていないが、元信者との対話のなかで同様なことを行なっている。

さらに、介入的な「フローティング」の対処法として、意図的に覚醒させる方法を使うこともある。本人を目の前にして、意識が解離し変性意識化してきたことを確認した場合、こちらから能動的にさらに深い変性意識状態を生成させて、そこから覚醒させることにより、フローティング状態の意識解離状態の解決を試みるのである。私の技術の未熟さもあるし、個人差もあるが、非常にうまくいく場合もある。うまくいった場合は、フローティング状態を引き起こすアンカーを探しだし、このトリガーのメッセージに対して、逆向きの覚醒のアンカーを結びつける作業を行なっておくと、その後のフローティングの可能性を下げることができる。

また、ゲシュタルト破壊の結果として、記憶を部分的に失っている場合もある。これについても、タイムライン[27]などの手法を用いて記憶の回復を試みる。その具体的な手法はここでは割愛する。記憶の回復は、過去と現在との自分を融合的にとらえ、ゲシュタルトを正常化させる上でも効果的である。

アンカーとりの手法につづき、イニシエーションの逆転、意識下情報のデプログラム、記号化情報のデプログラム、カタルシスの中和化、フレームの再構築、ゲシュタルトの正常化の、六つのデプログラミングのテクニックについて解説した。くりかえすが、これらがデプログラミングの手法のすべてではない。精神科医など専門家で、デプログラミングに携わる必要がある方に対しては、場合によっては、より高度な手法を解説する必要があるかもしれない。ただ一般の読者の方には、デプログラミングとはどういうものか大まかに理解していただけたと思うし、私の経験から言っても、多くの脱洗脳のケースにおいて、アンカーとりを含め、これら七つの手法の組み合わせが効果をあげるはずである。ただし、七つに区分して分析的に書き表わしたが、実際の脱洗脳の現場では、これらのテクニックは同時並行的に利用されるのであって、特にモジュラーに適用されるわけではないことは付記しておく。

抽象空間の視覚化

ここまでテクニックについて、さまざまな角度から説明してきたつもりである。しかし私の手法のなかには、私の個性といえるような部分もある。それは抽象空間の視覚化とでもいえるような手法である。

実をいうと、私ははじめ、デプログラミングを言葉による催眠のみで行なおうとした。しかし、うまくいかなかった。相手との空間を管理しきれなかったのである。私に川端康成ほどの文才があったなら、ミルトン・エリクソン並みにたくみに言葉を操って、催眠手法だけでデプログラミングできたかもしれない。また九州大学に世界的に有名な催眠の権威、成瀬悟策名誉教授[28]がいらっしゃる。彼ほどのレベルならば、言語のみを利用した催眠の手法でも、デプログラミングを成功させられるかもしれない。しかし残念ながら、私には、ミルトン・エリクソンの話術や川端康成の文才はなかった。

そこで私は、昔から得意である抽象空間の視覚化、さらに一〇年以上も訓練したディベート術を利用することにした。変性意識状態への誘導は、気功師のように一切言葉なしなのではなく、言葉も使うし表情も使う。ただ私は、自分のなかにできあがった空間を相手にイメージとして示しながら話を進める。それが変性意識状態の相手に伝わり、相手の視野のなかでも、同じような色や形がありありとイメージされているはずだ。

この点について、どうしてデプログラミングを行なう相手に、ビビッドな擬似空間を生々しく感じさせることができるのかと質問されることがある。理解しがたいと首を傾げられることもある。先に述べたとおり、これは私の個性と呼べるような部分であるので、一般の参考にはならないかもしれないが、一応述べておくことにしよう。

†個人的体験

擬似空間を意識していたのは、すでに子供のころからだ。私が特殊な子供だったというわけではないが、たがいの体験を共有することに他の子供より過剰に反応したし、相手にも反応させていた気がする。友だちが海水浴に行った話をしていると、目の前に海がひろがって、ふたりとも浜辺に寝そべっているような気になる。熱さや冷たさなど一瞬感じたことがじかに伝わってきてしまう。相手が悲しくて涙を流すと、自分もまったく同じ体験をしたような気になって涙を流す。その逆のケースも多かった。エレベーターや電車で隣にいる人が、悪意丸出しの様子でいたりすると、悪い気にあてられたように、その空間が心に刺さり、一、二日、泣きたいほど苦しい思いをすることもあった。

小学生のころ好きだった音楽の先生がいて、その先生が歌うと、歌声が全部、色と形を持って見えてきたように思えた。ほかの先生たちも、名前をおぼえるより早く、その声を、感じた色と形でおぼえてしまった。「この先生の声は黄色だな」と感じ、ゆったり話す先生の声は丸く、キンキンした声の先生は尖った銀色の三角に見えた。これは最相葉月氏の『絶対音感』(29)に書かれていることと通じるものがあるかもしれない。絶対音感を持つ人たちは、音程を視覚的にとらえているそうである。

よくいえば、私は想像力たくましい幼児だった。おまけにビビッドな色と形をもつ抽象空間を自分で操作すると、相手の心に強い影響を与えられることも、子供のころから経験していた。

声や音、さらには論理、思考、感情までもが、色や形をともなって見えるという現象は、非常に特殊であって、普通の人は、そんなことはないといわれるだろう。しかし、擬似空間を相手に共有させるテクニックは、練習次第で誰にでも身につけられることだと思っている。私は幼いころから無意識に練習していたのかもしれないが、他人が思うよりも特異なことではないと考えている。普段から常に軽い変性意識状態に陥ってしまう癖のある人は、私の場合と似通った現象を見たり感じたりしているだろう。数は少数かもしれない。しかし、こうした現象は別段オカルティックな意味合いばかりでもないと思う。

ともあれ、言語による催眠方法での変性意識空間の操作がエリクソンほど上手くない私は、子供のころから親しんでいる視覚化された抽象空間を操作し、ジェスチャーという補完ツールを使って相手を誘導することを考えたのだ。

私が行なった被洗脳者のデプログラミングはオウムだけではない。他のカルト信者やセミナー系会員を脱会させたこともある。そこで場数を踏んだ。理論は、イエール大学やカーネギーメロン大学の研究所を渡り歩いていたころを含め、過去二〇年間の研究の成果をベースにした。そうして手探りではあるが、現在の脱洗脳の手法にたどりついたわけである。

†応用と個性

結局のところ、デプログラミングに決まったマニュアルはないだろう。が、基本となる考え方と理論はある。それをベースに、それぞれの人が自分の一番得意な領域、特技を応用した技術で勝負すればよいのである。お手本となる人を見て真似をし、少しずつ小さい失敗を重ねながら、個人独自の能力を応用してのばしていけばよい。

科学には理論と実証という二本の柱があるが、私がやっていることは、理論的には、認知科学の最先端を歩いていると自負している。

最先端になればなるほど、行動主義などの別の分野からは、理解不能に感じられるかもしれない。しかし認知科学においては、私の理論的立場はメインストリームの枠ははずれていないと考えているし、認知科学が洗脳とデプログラミングの基礎理論となりうるとも思っている。

脱洗脳のテクニックは主に文献から学んだ。もともと私の専門は認知理論であり、脱洗脳の臨床ではない。しかし理論化をしっかり行なえば、どういうメカニズムがベースになっているのか容易に想像がつく。ベースになるメカニズムと基本となる理論。そのふたつの知識に、自分の特技を組み合わせて、現在の手法にたどりついた。やりたくてはじめたわけではなかったが、たまたま事情があって、気がついたらはじめていた。そして気がついたら上手くなっていた。

しかしいまでも、まったくはじめてのカルト信者をデプログラミングするときは緊張が襲う。出会ってはじめての第一回目で失敗したなら、私も相手も危険な状況に陥る。真剣勝負なのだ。

†脱洗脳に失敗しないために

運よく、私の過去のデプログラミングの勝率は六割である。アメリカには自分が元所属していたカルトのメンバーの脱会援助を、カウンセリングを通じて行なう専門の人たちがいる。脱会カウンセリングググループの調査によると、〝エックスカウンセラー〟[30]と呼ばれる彼らの勝率は、二割ないし三割である。それも何十年とかかる場合も含めての統計だそうである。決して私のテクニックがうまいとは思わないから、サポートしていただいた方々の力は大きい。

オウムのみのデプログラミングに関しては、女性元幹部のケースも含めて数えると、着手したのが八人で、成功したのが五人。やはり勝率は六割。

これ以外に、家族が保護した段階で精神的障害が顕著であり、専門の精神科医に治療が委ねられ、この治療期間中に逃げられたのがふたりいる。これは着手以前であるので、数字には入れていない。ひとりは、公的な病院での精神科への強制入院期間が終了したと同時に、精神科医がオウムに引き渡してしまったケース。これは担当の精神科医のオウム問題への認識不足といわざるをえない。もう一名は、私のもとに連れてくる前、精神科の治療が一段落し、顕著な症状が何とか治まった。それを洗脳が解けたことと勘違いして気を許し、周囲が監視を解いたその日の早朝に逃げられてしまったケースである。

このように、五年間でこの程度の人数だ。数からいくと、巷の噂に聞く、オウムの洗脳を何十人も解きましたと豪語している脱会カウンセラーに比べれば大したことはない。

ただ、私の経験からいうと、アンカーの無効力化の確認など脱洗脳後のケアまで含めると、短くても三か月、普通半年ぐらいかかるのであって、相当の時間を必要とするし、同時にふたりをこなすなどまず無理なので、私ぐらいのレベルでは一年にふたりがやっとである。それでもオウム脱洗脳は一九九五年から五年間も行なっており、誰よりも長期間やっているひとりであるはずだ。一年や二年で何十人とオウムを脱洗脳したというカウンセラーたちは、いったいどういう方法で脱洗脳しているのだろう？

着手後の失敗で――失敗したと思いたくない例だが――ひとつ具体例をあげてみよう。信者の親が本人を駅まで迎えに行き、私たちの待っている車まで連れてくるという手はずだったが、駅で逃げられてしまったケースである。会う前からあまり表だって活動していると、その人間の脱会に私が関わっているとオウムにばれて、本人を隠されてしまう可能性がある。だから初期段階を親に任せたのだが、会わずして失敗してしまった。

これと似た状況で、会わないまま終わった信者があとふたりいる。オウムに関しては、着手後に失敗したのはすべて私が会う前の段階で、実際にデプログラミングを開始してから失敗したことはない。他のカルトでも基本的に同様である。

実際に会うことができ、隔離された環境で落ちついてデプログラミングに専念できるなら、確実に成功する自信はある。ただ、実際問題としては、落ちついてデプログラミングができる環境まで、信者を逃げられることなく連れてきてもらうのが難しい。

身内というものは、どうしても疑うより信じようと思う傾向がある。脱会させたいと願う親が、せっかく連れ戻した子供に逃げられるのは、大体この理由からである。

親はよく「私は息子と一〇年も二〇年も一緒に生きてきたんです。息子のことは先生よりよっぽどよくわかっているんです。あの子は絶対に私を騙しません！」と言う。そういう人に限って、本人に逃げられる。身内であっても、平気で窓を割って逃げるのだ。

被洗脳者が突発的な行動に出た場合には、悲惨なことになりかねない。最悪の場合、死なれる可能性もある。デプログラミングの作業は、ホテルの高層階の部屋を借りてもらうことなどが多いが、「窓が開かないホテルにしてくれ」くらいのことは言うけれど、あまりいろいろ注文をつけてやっていると、監禁したなどと後で訴えられてしまうので、過剰にはできない。

それに加えて、デプログラミングに関わると危険な目に遭うこともある。一度などは、強面の得体の知れない男に車で追いかけられ、背筋が凍る思いをした。デプログラマーにはその覚悟が必要だ。

†社会の協力体制の必要

失敗例はこれくらいにして、うまくいったケースについて話すことにしよう。

デプログラミングされた人は、どこにでもいるごく普通の人に戻ってしまう。作業が成功してしばらくすれば、親からも本人からも連絡はほとんどなくなる。

デプログラミングというものは、究極的には、被洗脳者からただの人に変わる、ほんの一瞬の行為である。脱洗脳後は、〝脱洗脳状態〟ではなく、本当に〝ただの人状態〟になる。そんな一瞬のことなど本人はほとんどおぼえていない。昔自分が大変なカルトに絡めとられ、洗脳されていたという記憶さえ薄らいでしまう。洗脳時の現実感が極端に弱くなるため、私のことを忘れても何の悪気があるのでもない。親も、もう私に相談する必要はまったくないから、連絡をしてこない。だからこそ逆に、本当に解けたと確信が持てるわけでもあるが。

私に連絡をしてこなくなる別の理由としては、信者から普通の人に戻った瞬間、親は、かつて子供がカルト・メンバーであったことを完全に忘れたいと考えるからであろう。これも親というものの気持ちを考えれば、いたしかたないことかもしれない。

精神科の先生たちのごく一部では、脱会の援助がなされている。しかし、時間と忍耐を要するので、精神科の診療報酬ではとても割に合わないのが実情と聞く。

困惑させられる事例もある。公立の精神科専門の病院に、路上をふらふら歩いていたオウム信者が警察に保護されて入院したことがあった。しかし、その病院は、入院期間の終わったその患者を、親に返さないで、迎えに来たオウム信者に引き渡してしまった。その信者の親は、さらに入院期間を延長して欲しいと申し入れていたそうである。母親の話では、病院側がもうこれ以上面倒をかかえこみたくないと考えたのではないかというのだが、本当の理由はわからない。しかし親の懇願にもかかわらず、強制入院期間終了と同時に、親ではなく、オウムに信者を引き渡してしまったことは事実である。そこは、決して怪しい病院などではない。施設も充実し、有名で、大きな公立病院であった。もう少しカルトに対抗するための、家族への心配りが担当の先生にあってもよかったのではないかと思えてならないのだが。

†カルト脱会を確実にする

他方で、オウム信者の脱会後の社会復帰は、まわりの人間にとって、デプログラミング同様の難しい課題である。長いあいだ社会的に意味のない立場に置かれつづけていたので、この不況下では就職もままならない。私のクライアントではなかったが、行き場のない元信者と会う機会があったとき、彼らにやりたいことを尋ねてみたことがある。やはりチベット密教やヨーガもどきに惹かれる傾向を持っており、基本的に意識構造が変わっていないところに、実は大きな問題がある。

オウムの洗脳の特徴的な要素に、強烈な身体性をもった神秘体験と、過激なアンカーのふたつがある。だからオウムを相手に、チベット密教なりヒンドゥー教のディベートをやって打ち負かしても、それだけではほとんど意味がない。統一教会に対する脱会技術では、なかなか難しいのだ。もちろん、それを行なっている牧師さんたちに、学術的なデプログラミングの方法を学んでもらえれば、より完璧になるだろうが、そうではなく、アンカーをとらずに脱会させただけでは、本人も脱会カウンセラーも洗脳が解けたと思いこんでいるだけで、本当の意味では解けていなかった、という可能性が出てくる。

テレビの番組で、催眠術師が被験者に〝ライターの火を見ると踊りだす〟という後催眠暗示をかけておく。通常の催眠を解いたあとで、「ライターの火をつけたら踊りますよ」と言うと、被験者は、「そんなはずはない」、「私はそんなことはしない」と答える。しかし、催眠術師がライターの火をつけると、「いやだ」と言いながらも踊りだす。

それと同じことがオウムの洗脳でも起きているのだ。

オウムを脱会した元信者自身と、脱会を助けたカウンセラーの両方が、脱洗脳に成功したと思いこんでいても、アンカーがとれていないことがある。その場合、あとで何かオウムから働きかけがあったり、場合によっては、チベット密教に関する書物を読んだだけでも、トリガーが起動し、オウムに戻ってしまうことがある。現に、そういうケースを確認している。

だから私は、「オウムを脱会させたあとで、チベット密教の書物を読ませるのはやめてほしい」と言っている。一部の脱会カウンセラーは、アンカーやトリガーの概念のない古い時代のマインド・コントロール本を鵜呑みにしているのかしらないが、正当なチベット密教の書物や先生を紹介して、オウムから切り離そうとしている。

実際、ある脱洗脳のケースで、ある女性ジャーナリストと元信者たちが、デプログラミングの終わったばかりの女性の元信者に、チベット密教の勉強をするようにと薦めるので、それを止めようとした私とトラブルになった。当時は私の言っていることがなかなか理解してもらえなかった。それから三年が経ち、現在、当時彼女にチベット密教を薦めた元信者のうちのひとりは、結局オウムに戻ったと聞いている。

私にいわせれば、元オウムにチベット密教を薦めるのは、ＬＳＤでおかしくなった患者がようやく退院したところで、マリファナを薦めるようなものだ。結局、トリガーが起動して元に戻ってしまう。オウムと元オウムにとって、オウムの教義と正統なチベット密教のあいだには、何ら差がないといってよい。

第3章　ディベートと脱洗脳の関係

これまで洗脳というメカニズムとデプログラミングの方法について述べてきたが、デプログラミングにおける表象の操作には、ディベートという技術も忘れてはならない重要なファクターとなる。

私自身、昔、ディベートに打ちこんだ時期がある。江川紹子さんにディベートのテクニックについて解説したこともある。たとえば、江川さんが、ディベート術に長けているとされる上祐幹部とテレビ対決する直前、こうきいてきた。

「どうやったらディベートで上祐に勝てますか?」

「上祐の場合は、テレビでカッコつけすぎている。彼の場合はロジックを崩すというより、話題を変えてロジックをそらしまくる。これはディベートの技術では、文字どおり拡散という意味で、スプレッドというんですが、これをさせないのがいいでしょう。ひとつのやり方は、彼が話題をずらすたびに、私はそんなことは聞いていない、先の質問に答えてくれ、と言いつづけるのがいいでしょう。また、答えは、イエス、ノーのどちらかで答えてくださいとすると効果的です。イエス、ノーではなく、自由に答えさせる質問の仕方をオープン・クエスチョンというのですが、オープン・クエスチョンでは、彼に演説の機会を与えるだけだから、必ずイエス、ノーで答えるべき質問の形をとって、彼が話題をそらしてスプレッドするたびに、先の質問にイエス、ノーで答えてくださいと言いつづけるべきです。そうすれば、はじめて彼の得意なスプレッドがマスコミに通用しないという事態に陥り、感情的になり、怒り、テレビの前に醜態をさらすでしょう。人間、怒っている姿が一番カッコ悪いですからね」

こうした一般的なディベート術のほかにも、必要に応じては、微に入り細を穿ったことまで、携帯電話などで話をした。

その成果もあってか、テレビ朝日で江川さんと上祐幹部の生中継ディベート対決があったおり、江川さんは上祐幹部のスプレッドを防ぎつづけた。ついに上祐幹部は感情的になり、その場の機材の電源を引き抜くという暴挙に出た。上祐幹部の負けである。

しかし実は、上祐幹部の弁舌のみならず、オウムには、ディベートが欠くことのできない要素としてまつわりついている。そこで、ここではディベートについて書き進めながら、ディベートとオウムの関係について解きほぐしていこうと思う。

†ディベートとは何か

私がディベートという議論の競技を知ったのは、家族でアメリカに在住していた中学時代だった。全米の中学高校には、日本の野球部のようにディベート・チームがある。普通の学生がＴシャツやジーンズで登校しているなか、彼らは背広ネクタイで、アタッシュケースを携えて歩き、颯爽としたエリート集団という印象があった。クラブ活動とはいえ、ディベートの場合――特に大学チームに対しては――大学公認ディベーターに対して、連邦議会は便宜を計らなければならないという決まりがある。たとえばエビデンス（資料）を毎年一回、その年の論題にあわせて、登録された大学ディベーターに送るのである。それほどディベートは、コミュニケーションの技術として国家から重要視されている。

いわゆる競技ディベートは、一般には、ポリシー・ディベート（team policy debate）と呼ばれる。文字どおり政策を論題にディベートをして勝敗を決める。米国の大学レベルには、ナショナル・ディベート・トーナメント（National Debate Tournament＝NDT）とクロス・イグザミネーション・ディベート・アソシエーション（Cross Examination Debate Association＝CEDA）のふたつの連盟がある。ＮＤＴは競技そのものを重要視する団体で、徹底的に勝負にこだわる。ＣＥＤＡは、どちらかというと勝負にこだわらないスキルアップのためのディベートを行なっている。勝ち負けにこだわるＮＤＴ方式は教育的でないという意見から作られた団体だからである。また、ＮＤＴの全国大会に出場するには、厳しい予選審査を通らなければならないのに対して、ＣＥＤＡの全国大会には連盟参加校はすべて参加できる。私は競技重視のＮＤＴの方に加入していた。[1]

ＮＤＴの歴史は一九四七年にニューヨーク州ウェストポイント市の米陸軍大学（US Military Academy）の第一回大会に遡る。その後一九六七年から、ＡＦＡ（American Forensic Association）の主催に代わって現在に至っている。マサチューセッツ大学で交換留学生としてＮＤＴチームに参加していたときも、陸軍大学のチームとは地方大会などでよく一緒になった。当時私はＮＤＴの歴史をあまり知らなかったので、仲よくつき合いながらも、軍服で大会に参加する彼らに、何となく違和感を感じていた記憶がある。陸軍大学こそ本家だと知ったのは、だいぶ後になってからだ。

私の現役時代にはＮＤＴとＣＥＤＡのふたつの連盟だけだったが、その後新たにふたつ連盟が作られた。アメリカン・ディベート・アソシエーション（American Debate Association＝ADA）と、ナショナル・エデュケーショナル・ディベート・アソシエーション（National Educational Debate Association＝NEDA）である。ＮＤＴとＣＥＤＡでは、試合中に利用できる主張方法（argument type）に制限がないけれども、ＡＤＡとＮＥＤＡでは制限を設けている。教育的な観点から、勝敗よりも論点のぶつかり合いを重視しているからであろう。

ディベートは情報内容の勝負である。感情的なものを一切排して行なわれる。状況として一番近いのは、会社の取締役会や軍隊の参謀会議であろう。どの戦略をとったら企業間戦争ないし本物の戦争に勝てるか。そんな議論をしているとき、話し手が汚い格好をしていようが口が悪かろうがタバコを吸おうが関係ない。トップは勝てる方法をよりよく証明した意見を選ぶ。事実だけが問題。そういう議論を形式化したのがNDT方式である。国民の前で行なう政治家の演説や、陪審員の前で行なう法廷論争は、情に訴えたり演技的要素が強いという意味では、どちらかというとCEDA方式のディベートといえよう。

もうひとつのタイプのディベートが、議会ディベート（parliamentary debate）である。これは、もともとイギリス議会の討論の形を模倣したものだ。こちらも米国ではふたつのリーグがある。アメリカン・パラメンタリィ・ディベート・アソシエーション（American Parliamentary Debate Association＝APDA）とナショナル・パラメンタリィ・ディベート・アソシエーション（National Parliamentary Debate Association＝NPDA）である。

アメリカでは、ディベーターはひとつの社会的職業である。卒業後は、弁護士や政治家のスピーチライターになることが多い。連邦議員の八〇％が学生時代ディベート・チームに所属していたという調査報告[2]がある。また、NDTの一九八四年の調査[3]では、NDT経験者の三〇％が大学の教員、一五％が企業トップ、一〇％が政府官僚もしくは議員となっているそうだ。フランクリン・ルーズベルト（Franklin Roosevelt）、ウッドロウ・ジョンソン（Woodrow Johnson）、リンドン・ジョンソン（Lyndon Johnson）、ジョン・F・ケネディ（John F. Kennedy）、リチャード・ニクソン（Richard Nixon）、ジミー・カーター（Jimmy Carter）らの元大統領も、有名な学生ディベーターであった。

典型的なトーナメント・ディベーターのエリートたちは、中学高校時代からクラブに入る。そこでよい成績をあげると、甲子園で活躍した高校球児のようにスカウトが来て、強い大学に進める。アメリカの大学の最高峰ハーバード大学にさえ奨学金つきで入れる。ハーバードは、学校の成績がよほどよくないと、授業料免除どころか入学さえ認められない超難関校である。ハーバード級の大学への奨学金つき入学の特典を得たいがために、トーナメント・ディベーターになる学生も多い[4]。

†ディベートでの戦い

ＮＤＴ方式トーナメント・ディベートは二対二の戦いである。勝つためには、パートナーとの呼吸も重要な決め手となる。最初にコインをフリップし、その表裏で肯定・否定のどちらの立場で意見を述べることになるかが決まる。したがって、テーマに対して両方の意見を勉強しておかなくてはいけない。論題はアメリカでは一年にひとつ与えられ、秋にトーナメントがはじまるので、夏休みはチーム全員で図書館にこもる。

論題は、私が実際に体験したものでいうと、たとえば「連邦政府は米国内の労働組合の力を大幅に削減せねばならない」(RESOLVED: "That the federal government should significantly curtail the powers of the labor unions in the United States.") というものだ。論題をどう解釈するかは自由である。そのとおり受けとめ、通常の労働組合の力を削減しましょうと正攻法で攻めて勝つのは難しい。そこで私が在籍していたチームが勝つために選んだ解釈は、「労働組合とは、アメリカの刑務所の看守の労働組合を指し、アメリカの監獄では、男が男をレイプするという問題が起きているが、それは刑務所内の出来事に関する権利を持つ看守の労働組合の権力となっており、この力に制約を加えることとする」という論題の解釈を構築した。そういう切り口は他のチームが考えついて反論を用意している可能性が低いので、試合に勝ちやすい。

ディベートはすべて、論拠となる証拠、エビデンス（ディベートでは英語のままこう呼ぶのが普通である）で勝負する。特殊なケース（事例）を出せば、エビデンスを相手が持っていないので勝率は上がる。しかし、くりかえし同じことをやっていると、すぐに他のチームからリサーチが入るので、長くは使えない。

ハーバード大学がなぜ強いかというと、卒業生たちの巨大な寄付によって、ディベート・チームが株式会社化されているからである。エビデンスを集めたり、ケースを作成する仕事を専門に行なう学生が大量にアルバイトで雇われており、さらにプロのディベート・コーチが何人も専属で指導にあたっている。オーソドックスに戦って勝てる実力を持ちながら、特殊なケースも大量にストックしている。いままで一度も聞いたことがないケースが出てくると、よほど実力のある人物でも勝つのは難しい。あらかじめ用意された各主張に対する反論をひとつのまとまりとして用意したものをブリーフと呼ぶが、それをいかに大量に持っているかも勝負を決定づける重要な要因なので、バックアップするプロのコーチらが大量に作って教えこむのである。

話すスピードはものすごく速い。NDT方式では、一分間に喋った英単語を数えると約四〇〇ワードにもなる。ラジオのFEN（現AFN）のニュースは速いといわれていたが、毎分一五〇ワードから一八〇ワードぐらいにすぎない。FENニュースの二・五倍ぐらいの速度で喋れば、普通のアメリカ人にさえ意味不明な言葉の連なりにしか聞こえない。日本人には、それこそただの雑音にしか聞こえない。

オウムにはマントラを何万回と速く唱えなくてはならない修行がある。マントラを速く唱えることができる信者は、普通の信者に比べてステージが上がるらしい。なかでも上祐幹部は、誰よりも速くマントラを唱えることができたという。チベット密教や日本の真言や天台密教の世界でも、確かに速くマントラを何万回も唱えるが、それが速ければ速いほどいいという発想はないのではないか。

ここで告白しなければいけない。このころ私がディベートを通じて知り合った後輩は、最初はわずか数名のグループにすぎなかったけれども、人工知能研究で著名なソニーの北野宏明博士をはじめ優秀な人材ばかりいた。そしてそのなかに、オウムの上祐史浩幹部もいたのである。オウムでマントラをひたすら速く唱え、速ければ速いほどよいとする価値観は、上祐幹部がディベートの世界から持ちこんだ価値観だろうと思われるのだ。実際、上祐幹部はオウムのなかではディベートの達人ということになっていて、ディベートの指導もしていたという。

一九八三年ごろ、後輩たちを連れて飲みに行くときは、居酒屋のメニューを渡して、誰が品書を端から端まで一番速く読めるか競争したりした。読んでいる途中、メニューをグルグル回して読むとか、次は後ろから読むとか、バリエーション豊かな速読の訓練を行なった。ほとんど宴会芸に近かったのだが、とにかく速く話せないと、ディベートでは勝ち目がないのである。

ＮＤＴディベートの試合風景も、知らない人が見たら非常に危ない異常な世界だと思うだろう。まず、どんな服装をしようが自由。また、ある程度大きな大会の決勝では二〇〇人ほど入る会場で勝負するが、そうでない予選ラウンドでは、ジャッジとディベーターの計五人が、がらんとした部屋に座っているだけである。普通の討論会などでは、より強くアピールしようと審判を見たりするだろうが、ディベートはあくまでも発言内容の勝負だから、空を見つめて、マントラを唱和するように猛烈なスピードで四人が話すのである。ローカル試合などでは、ビールを飲んだりマリファナを吸ったりしてから、試合に臨む者もいたほどだ。要するに、服装や態度も含めて、どんな恰好で試合に臨んでも情報内容で優れていればいいのである。

帰国後、私はアメリカで行なわれているＮＤＴ方式のディベートをひろめようと、アメリカン・ディベートに興味を持っている一、二年下の学生たちを集めて最新情報を教え、一緒に日本中の大学でモデル・ディベートのデモンストレーションを行なった。見学者のひとりに上祐幹部もいた。

ＮＤＴディベートに興味を持つ各校有志の尽力で、ＮＡＦＡ(National Association for Forensic and Argumentation)というリーグが誕生した。春夏に全国大会を主催し[5]、全国から数十校の出場があった。北野氏や上祐幹部は有志のなかでも特に中心となって物事を運営していた。

オウム事件のあと、上祐幹部が記者会見でフリップを投げたり、自分の論理を指先を動かして繋げるジェスチャーをするのをテレビで見かけたが、あれなどは、ＮＤＴのモデル・ディベートの最中に行なっていたデモンストレーションのスタイルそのものだ。

†相対主義の罠

アメリカン・ディベートは、日本で幸先のよいスタートを切ったように思われた。しかし、その後は、まことに不本意な航路をたどることになる。ディベートをまるで宗教のように、人生のライフスタイルを決める規範としてとらえてしまうディベーターが現われはじめたのだ。いま思えば、上祐幹部もそのひとりだったのかもしれない。

アメリカでトーナメント・ディベートの勉強に時間を割くことは、職業として役立てるため、率直にいえば、飯の種にするためだ。ディベート・スキルは、社会でより高い地位につくための、あくまでも技術である。私がアメリカにいたころのNDTディベーター仲間は、対立候補から一歩抜きんでるための戦略を練る上院議員のスピーチライターや、有名事務所の弁護士の職を得ていたりする。

実際ディベートは、アリストテレスの時代から存在した。ディベートで利用される論理の構築の方法論は、哲学的思考の基本手法でもあり、学べば学ぶほど学問的にも奥が深いことがわかる。コインをフリップし、その裏表によって、自分の意志には関わりなく、肯定側か否定側という正反対の立場に立たされてしまうから、どんな問題についても常に相対的に、肯定、否定と、あらゆる意見を考えていなくてはいけない。だから、あまりにも熱中して技術を向上させることだけ考えていると、ディベート同様、人生そのものを相対的に見る癖がついてしまう。

当時私たちは、二四時間体制でディベートの訓練を行なっていた。みんなで喫茶店に入ったとき、誰かがコーヒーを注文すれば、「いまコーヒーを頼んだが、その理由を五つ即座に答えろ」と訊く。

次に、その理由五つについて、「そんな理由ではコーヒーを注文する必要はない」という反論を他の人間にさせる。その意見に対して、また別な人間に、「やはりコーヒーが必要だ」と反論させる。さらに、さっきまでコーヒー派だった人間に、今度はまったく逆の立場になって、コーヒーを頼んではいけない理由を五つ述べるよう指示するのだ。上祐幹部もこういった洗礼を受けたひとりである。

ディベートではどちらの立場に立っても、常に即座に、五つ六つ反論できなくてはいけない。徹底的に勝つためには、自分が瞬時にとった行動に対してさえ、肯定、否定両方の立場で物が言えなくてはならない。ディベートでは意識のなかに絶対的なものは存在しない。極論すれば、ディベートという観念の世界では、命さえも絶対ではない。「命は大切だ」という意見にも、肯定、否定両方の立場に立てるのがディベーターというものだ。これがある意味ではまずかった。

ちょっと極端な例をあげてみよう。消費税を五％から七％にアップさせる税制改革を肯定側が主張したとする。それに対して否定側が、日本が税制改革をすると世界マネーのパワーバランスが崩れ、核戦争が勃発し、また生物兵器がばら撒かれ、人類が滅亡してしまうので反対だと、因果関係をエビデンスをもってリンクし主張したとする。

人類滅亡の危機にさらされるのなら、そんな税制改革は倫理的に考えて止めるべきだと結論づけられ、議論が終わってもよさそうなものだが、ここで終わらないのがディベートである。反論がなければそのまま勝ちになるが、そこで「人間は滅んだほうがいい」という審判のフローに最後まで生き残る論理が展開されたら勝負はわからない。このまま人類が増殖すると、人口爆発解消のために宇宙に移住が始まる。その結果、低い倫理水準のまま現在の地球人が宇宙に進出することとなり、宇宙に巨大な害悪がもたらされ、その結果地球人より進化した生命体が地球人の暴力により失われる可能性が高まる。だから人類は滅亡させたほうがいい、という因果関係が主張されるかもしれない。

　ここで注意してほしいのは、たとえ常識的にはバカバカしい論理であったとしても、これに即座に反論し、フロー上で記録を残して優位に立てなければ「負け」になることだ。

　ディベートでは、ある主張に対し、三つから五つ反駁を述べられなければ、最終的にジャッジが優位と認めるフローを構築することが難しい。

　フローとは、ディベーターとジャッジが試合中にとるノートのことで、文字どおり論理の流れや、組み合わせが線で流れ図のように結びつけられているものである。ディベートのルール上、試合中の主張はすべてひとつ残らずフローとしてとられ、反論のない主張は基本的に試合においては真実とみなされる。したがって、どんなに突飛な論理であっても、ジャッジのフローに記録され、反駁のないまま試合終了になれば、ディベートの基本ルール上、その主張は真実ということになる。だから、少しでもたくさんの主張をフローに残すこと、また相手方の主張のできるだけ多くに対して、何らかの反駁をフローに残すことが必要となる。だからこそ、より早く喋ることができるチームが有利なのだ。ディベートは、双方まったく同じ制限時間だからである。

　NDTディベーターは、通常、週三回ぐらい大学内で練習試合を行なう。さらに、ほぼ毎週、金・土・日とローカル大会の試合がある。金・土は予選ラウンドで八試合、日曜日は決勝トーナメントで、順調に勝てば四試合ある。弱いチームでも週に一一試合程度、強いチームになると週に一五試合はしている計算になる。春・夏合計二〇週ぐらいは試合シーズンだから、年間二〇〇試合から三〇〇試合こなしている計算だ。国内でもトーナメント・ディベートをやるなら、年間一〇〇試合程度はこなさないと強いディベーターにはなれない。そして、そのくらいディベートをやっていると、普段のものの考え方や話し方までディベート的になってくる。これがディベートの教育的価値でもある。が、同時に、ひとつ間違えると、すべてを相対的にとらえる癖が、相対化してはいけない価値観にまで入りこんでしまうことがある。ここまでくるとディベートは弊害を生みだす。大学ディベーターでもときどき見かけるが、「ディベート道」などという言い方をしてみたり、ディベート集団が、あたかもミニカルト集団のように、ディベート術とその訓練を宗教的な修行のようにとらえるようになることがある。

こうなると、世間の常識であたりまえに判断されるような善悪の基準さえもが相対化され、社会的にドロップアウトしていく。このようなレベルまでいってしまうディベーターたちは、たまたま理科系が多く、ほとんどがエンジニアなので、幸か不幸か常識のズレはあまり世間では目立たないようである。

上祐幹部もこのひとりに含まれるのではないか。ディベートの観念は、彼の基本的な物事の判断に深く影響を与えていたと思う。占い好きの女性が風水で結婚や就職まで決めるようになれば、ゲーム感覚がついに宗教的レベルにまで発展してしまったことになる。同様に上祐幹部も、気づいたときはディベートが行為に対する判断基準にまでなってしまっていたのではないか。そういえば上祐幹部が『ムー』[6]を全部持っていると言っていたり、大会のジャッジ控え室で、休憩時間に、北野氏と一緒に超心理学やオカルト本を読んでいたりした姿を思いだす。

ディベートが人生となれば、ディベートは危険な様相を示す。それは徹底した相対主義の考え方を貫くものであるからだ。自分の心のなかで、オウム神仙の会での生活、大学での学究生活、会社や研究所での人生、チベット密教、科学者としての知的判断などの選択を考えたとき、それらは相対化され、無意識にディベートをしてしまう。

科学者の世界は努力で何とかなるものではない。生まれながらの才能とチャンスがなければ世界的に活躍することは難しい。一方、チベット密教的な修行の体系には、努力に応報する階梯が待っている。自分の才能に自信が持てない秀才タイプの科学者には、チベット密教の世界が相対的に魅力的に映るかもしれない。また若く正義感の強い青年には、矛盾の多い日本社会を俯瞰して、社会の構成員になるよりも、清浄なニルヴァーナを求める修行僧のほうがより崇高に感じられるかもしれない。

こういった相対的な比較を行なった結果、そこでチベット密教なり、オウムでの生活なりが勝ってしまえば、それを選択してしまう。もちろん、そのような比較優位を認識することは誰にでもある。しかし大抵は、社会的制約や家族との関わりから二の足を踏むはずだ。ところが、相対的な物の見方が染みついたディベーターの場合、自分がジャッジとなった判定の吸引力は絶大である。みずからのディベートの結果で人生を選択してしまうだろう。

ディベートが自分の一部であり、あたりまえと感じられるほど訓練を積んだディベーターであれば、ディベートの相対主義を、一歩退いた地点から、余裕をもって受けとめられるはずだけれども、その域に達していないディベーターは、時として術に振りまわされ、ディベートそのものが人生になってしまうのだ。

ただ上祐幹部の場合は、相対的選択がなされた人生がオウムであったという、他の人にはないきわめて大きな不幸がある。オウムにおいては、人の命さえも相対化され、ヴァジラヤーナとポアの論理がフローに残り、殺人が正当化されている。これこそまさにディベートを人生とした場合の究極的な弊害である。

誤解のないよう主張しておくが、これはディベートの本質的な問題ではない。ディベートを中途半端に学んだことによる弊害である。宇宙には相対化してはいけないものがあるというあたりまえのことを忘れてしまったからでもある。

†ディベートと洗脳

相手が理解できるギリギリの速度で喋ると、聞いている相手は変性意識に陥る。これはミルトン・エリクソンが発見したオーバーロード（第4章で言及）というメカニズムで説明がつく現象である。言うなれば、ディベートという行為自体によって、訓練をうけたディベーター以外は変性意識が生成されてしまう。また、ディベーター自身もきわめて抽象度の高い知識空間で推論をめぐらし、毎分四〇〇ワードで喋りながら、それと同じ速度で喋る敵のスピーチのフローをとり、即座に自分の反論スピーチのための仮説を思いめぐらす。そのあいだ次元の高い思考を立体的かつビビッドに行なわなければならない。必然的に、ディベーターの意思にかかわらず、みずからを変性意識状態に置くことになる。

試合中、自分のチームの試合中のそれまでの発言を、現時点での意見と結びつけながら述べることをリンクするというが、その行為を重ねていくと、複雑で立体的なアーギュメント（主張の論点）の仮想空間が参加者の頭のなかに構築され、アーギュメントに対する可能性としての反駁の選択と、その先に仮想的にひろがるフローを含めて、その空間は、n次元世界へひろがっていく。

会話中は、ジャッジがフローを見分けやすいよう、パントマイムのように手と指を動かしながら、場合によっては全身を動かしながら説明する。たとえば一番から五番までのアーギュメントをグループして、それを第一回目の反駁時間に述べた三番目のアーギュメントと組み合わせ、それに対して四つ次のアーギュメントを述べますといったぐあいに、論と論に線を引いたり、紐で結ぶ動作をくりかえす。そうすることで、論は立体的な形となって審判の目に映る。審判の目に映るように操作するのは、ディベートのフローの、あらゆる仮想的選択のn次元空間からひとつ選ばれた、いってみればフロー上の二次元写像である。

ディベート中にディベーターならびに積極的な聴衆が変性意識下にあるという主張をしている文献は他にはないようであるから、はじめて聞く人には違和感があるかもしれない。もともとディベートは、抽象的な世界での戦いである。論理のぶつかり合いはまさに抽象世界の戦闘である。これをしっかり論理構造をイメージしながらつづける作業は、必然的に変性意識を生成する。変性意識状態というのは、触れる現実世界から別の世界に、特に抽象空間に自分の臨場感が移っている状態を指すのであり、明らかにディベートの作業はこれである。慣れたディベーターは、日ごろの訓練から、自分のスピーチが始まればすぐに変性意識状態に入ることができる。

デプログラミングで相手を変性意識状態にするひとつの方法は、相手が理解できる限界よりも少し速く喋り、それを三〇分から一時間つづければよい。放っておいても自然に情報処理の容量がオーバーして、変性意識状態に入る。もちろん催眠で代表される、もっと直接的な変性意識生成の手法を使うこともあるが、通常デプログラミングの対象者は、相手がディベートをはじめると同時にみずからも自然に変性意識状態に入れるよう訓練されたディベーターではないので、この方法でこちらから変性意識生成をうながし、その上で論理の空間をビビッドに体験させるのである。

変性意識状態で、私が見せる論理空間が体験的なものと感じられる状態になった相手に対し、この教義はこれとこれが矛盾しているのではないか、と、アーギュメントを結びつける仕草をしていけば、それらが体感的なインパクトで自分の体にぶつかるように本人には感じられる。また意識下の情報が、私の指先の動きによって、立体的に操作されていることを体感することもできるのだ。

†ディベートの歴史的意義

もちろん、ディベートの技術そのものが、カルト教義を崩すために役に立つ。

ディベートは、プラトン（Platon 427–347B.C.）やアリストテレス（Aristoteles 384–322B.C.）の時代から存在した。特に霊魂の存在証明やその資質の論証といった宗教的なディベートをそのはじまりとする。アリストテレスの『霊魂論』[7]や、トマス・アクィナス（Thomas Aquinas 1225–74）のプラトンへの論駁、アリステレス『霊魂論』の注解[8]などは、その典型である。特にカトリックの神学では、カテキズム（教理問答）として進化し、宗教ディベートのひとつの形として現代まで伝わっている。

上智大学時代の私が、ＥＳＳでのディベート活動とは別に、純粋にカトリック教義の勉強としてＳＪハウス（イエズス会の神父方の寮）で、上智大学ディベートの生みの親であったフォーブス神父から毎週学んだのも、まさにこのカテキズムによるディベート技法である。イエズス会は特にディベート教育を重んじ、米国のイエズス会系のカトリック大学であるジョージタウン大学なども、強豪チームとしてＮＤＴでも中心的な役割を果たしている大学のひとつである[9]。高校レベルでは、ナショナル・カソリック・フォレンシック・リーグ（National Catholic Forensic League＝NCFL）というのが特に有名で、Grand National Tournament という大会を主催している。これはカトリックに限らず公立校にも門戸が開かれたディベートのリーグであるが、もともとは一九五一年に米国のカトリック高校のリーグとして誕生し、カトリック教育の一環としてはじめられたものだ。日本で早くからディベートの全国大会を開催しているのが、イエズス会による上智大学である経緯と似ている。

ディベートは神の存在や霊魂の資質を論証するための技術として生みだされたものであるから、その逆の論理を構築するための道具として使うこともできる。一般的にカテキズムの手法を用いてデプログラミングができるわけではないが、論理矛盾を突くための技術としては、ディベートを利用することもできる。もちろん経験の豊かな神父さんならば、カテキズムによりデプログラミングできるかもしれない。ただし、オウムのように本質的にキリスト教とは異なるチベット密教の教義をベースにし、神秘体験によって体感的な快感が与えられ、アンカーを埋めこみ、あげく薬物の濫用も著しい集団には、本書で述べているさまざまな手法を組み合わせる必要があるのだ。

†ディベートにひそむ危険

ディベートに否定的な人がときどきいる。だが、私はディベートのない法廷の方が怖い。極力感情を排し、情報内容の優劣だけで意思決定する技術がディベートの本質である。ディベート的発想を宗教化したり、相対化された物の見方を人生に持ちこんだりする輩は邪道のきわみだ。ディベートそのもののポジティブな側面も認めてほしい。

もっといえば、近代の民主主義国家に憲法や法廷が存在するかぎり、社会全体がディベートという構造になっている。それを否定することはできない。ディベート・スタイルに対して、やりすぎだという批判をどこまで謙虚に受けとめるかが問題なのだ。

その点では、ディベート・マニュアルを書いている筆者たちの多くは、まったくこういう危険性を認識していない。

たとえば北岡俊明氏は、「ディベートは人生を劇的に変えてくれる」「ディベートほど、人間を動機づけし、人間の潜在能力に火をつけるものはない。ぜひ、ディベートを学び、ディベートの本質を知り、人生を、自分を、劇的にかえてみようではないか」といった発言を著書[10]の冒頭で述べている。まるで新興宗教の勧誘文句を思わせる言い方ではあるまいか。内容の点では、ディベートの技術というより雄弁の手法といった感が強い。どちらかというと、ディベートの悪いイメージである「詭弁の法」というイメージを助長しかねない。こういった著作物は、最低でも正式にディベート理論の教育を受けている人に著わしてほしい。さもなければ、上祐幹部でひろまった「その場しのぎの話術」という誤った世間の印象を悪化させる可能性がある。

また三鷹市議会議員の高井章博氏は、雑誌『世界』[11]において、北野宏明、藤岡信勝の両氏に対し、「議論をする主体は存在せず、ただ純粋な論理展開のテクニックのみが存在する。これは、現代日本社会にとって大変危険なこと」と懸念を表明し、さらに北野氏に対しては、「主体的に思考する力を持たないのに、論理を展開する力だけを持ったディベーター」を生みだしていると言い、藤岡氏に対しては、「ディベートによって歴史学の研究成果を『詭弁的に』突き崩し」、ディベートで得られた結論によって従軍慰安婦の記載などをめぐって、「何らの根拠もない自分たちの『政治主張』をあたかも『歴史的真実』であるかのように、子どもたちに植え付けようとしている」と批判している。

確かに、ディベートが中途半端に身についたために、現実の世界においては人の命など相対化してはいけないものがあることを忘れ、あらゆるものを相対的に判断してしまう問題は、ディベーター個人の人生を大きく誤らせる結果となるばかりではなく、もしもそのような立場をとった場合、「現代日本社会的にとって大変危険なこと」と批判されてもやむをえない。

オウムがサリンを撒いたことは歴史的事実である。ところが現在もオウムは、裁判の結果が出るまではこれを認めないとしている。要するに、法廷ディベートの結果が歴史的事実を決めるとしているのである。これは、もちろん誤りである。法廷でのディベートの結果は被告の罪を決めるのであり、事実そのものを変えるわけではない。

被害者の人権に配慮するため、被告の罪科から強制わいせつ罪が削除されたり、立件が難しいという理由で不起訴になったり、証拠不十分で有罪とならないケースも珍しくはない。そんな場合、まるで何も起きなかったかのように社会的にはとり扱われる。たとえば、アメリカの法廷では司法取引があたりまえである。事実として犯罪があっても、取引において刑が減免される。だからといって事実が変わるわけではない。同様に、陪審員制度を導入しているアメリカでは、弁護士のパフォーマンスが裁判の結果に大きく影響する。くりかえすが、だからといって事実が変わるわけではないのだ。

あえていえば、裁判とは事実を検証するプロセスではなく、疑いのないレベルにおいて罪科を決定するためのプロセスである。ディベートも同様である。より技量の優れたほうが勝つ。それだけのことだ。事実とは本質的に関係がない。

ディベートの結果を歴史的事実だと勘違いしたり、そう主張したりするのは、社会的に危険である。思考訓練としてのディベートの役割を、事実を探る客観的手法と勘違いしてはいけない。

第4章　脱洗脳のケーススタディ

第3章まで、洗脳、デプログラミング、ディベートについて、そのメカニズムとそれにまつわる理論を説明してきた。この章では、その理論が実戦でどう機能するのか、具体例を使って詳述してみたい。ここまで読んで理解に苦しんでいる方でも、この章に入れば、これまで説明してきたテクニックをリアリティをもって実感できるかと思う。

それでは、オウム真理教元最高幹部・U正悟師（以下U）のデプログラミング・ケースを、当時の記憶を呼び起こしつつ紹介していくことにしよう。

†出所

一九九六年九月。この日は、暴風雨だった。岐阜県笠松刑務所から岐阜拘置支所に移されたUを迎えにいく車は、釈放予定の二二日午前〇時きっかりに間に合うよう高速を疾走していた。車に乗っていたのは彼女のご両親である。そのとき私は東京の青山にいて、何事もなくUを連れて帰れるだろうかと気を揉んでいた。

出発前、父親が、「これまでは全然台風が来なかったけど、願いが天に通じたのかな。台風でも来たらマスコミに追われなくてすむと思ってたんですよ」と漏らした。ご両親は見るからに緊張していた。これから待ち受けている試練をうまく乗り越えることができるか不安なようだった。

私は事前にこんな注意事項を与えた。

「彼女の言うことは、オウムの説法でも何でも、とにかく聞いてあげてください。また私の苦い経験から言いますが、娘さんから片時も目を離さないように。トイレだって一緒についていったほうが後悔しません。デプログラミングの作業に入ったら、私との勝負になりますが、ご両親は、娘さんを私のところへ連れてくるまでが勝負です。そのあいだに姿を消されてしまったら意味がないんです」

ふたりとも神妙な面持ちで聞いていた。

「せっかくの天候です。これは私たちにとっては好条件ですから、気を抜かないでいきましょう」

私はご両親をそう励まして送りだした。

しかし、こんな気合いの入れ方とは裏腹に、われわれはUから非常に友好的なアプローチを受けることになった。あとで聞いた話だが、彼女は、一週間くらい何もせずおとなしくすごしておいて、ご両親が安心して気を抜きはじめたころに不意をついて、さっといなくなろうと計画していたのである。

そのころマスコミ各社は、Uが笠松刑務所から出てくるものと踏んで、正門前に殺到していた。実は、刑務所側の計らいで事前に拘置支所に身柄を移しておいたのだ。加えて天候がわれわれに味方した。誰にも邪魔されずに彼女を移送することができたのは幸運であった。

警察も多忙な時間を割いてわれわれに協力してくれた。父親の運転する車を、覆面パトカーが家まで先導してくれたのである。この日のために、予行演習すら何度も行なったという。もちろんサイレンも鳴らさなかったから、行き交う車の運転手や乗客が気をとめることもなかった。

しかし移送中、ひとつ重大なミスがあった。Uが乗ったあと、気晴らしにと思って、車内のテレビをつけたのだ。画面はマスコミの報道合戦に占拠され、Uについてワイドショー的な報道がたれ流しになっていた。

Uが出所したこと。マスコミが張っていた刑務所とは違うところから出たらしいとの情報があること。その他さまざまな情報が乱れ飛んでいた。それに合わせて、識者と呼ばれるコメンテーターたちが、いっせいに自分たちの見解を述べ立てた。そのうちのひとりが事実関係の違う心ないコメントをした。それを聞いて、彼女が苛立ちはじめたらしい。

あわててテレビを消したものの、彼女の苛立ちは治まらなかった。親が必死に昔話などをしながらその場をとり繕ってくれたおかげで、何とか青山の私のマンションまで、たどりつくことができたという。

†初顔合わせ

朝方になって、私がひとり待っていた約束の部屋のインターホンが鳴った。

深夜〇時に出発し、こちらに着いたのが午前五時。ご両親も、Uも、丸一晩寝ていないことになる。そのとき私は最初に彼女にどう接しようか考えていた。デプログラミングも勝負の世界であるから、武道と同じで、最初の一瞬が大切である。第2章で述べたとおり、まず出会った瞬間、無意識レベルにおける制空権を握らなければならない。そのときがやはり一番緊張する。最初に目が合った瞬間、相手を変性意識状態に持ちこめるなら一番いい。私が長年訓練してきたいわば瞬間催眠のようなテクニックを使って、視線によって、相手の心理状態を変化させるのである。

ただし最初の対面が大事だからといって、特に部屋に細工はしなかった。ごく普通の照明、床はベージュ系のカーペット。決して派手な明るさはない。室内は普通のリビングルームの照明光度で、蛍光灯ではなく、普通の電球の淡いオレンジ色の光に照らされていた。だから決して明るくはなかったが、かえってイメージとして落ちつける雰囲気であったと思う。

ドアを開けると、まずお父さんが入ってきた。次にUが現われた。

私は彼女を見て、これはいけるなと直感した。彼女の瞳を見たとき、彼女の心中の色彩が、はっきりと手にとるようにわかる感じがしたからだ。Uが完全に情報が遮断された空間に長いあいだいてくれたことも有利な条件だった。最初から緊張して準備している私に対し、Uは何も知らず、無防備なまま、どういう先生なのかといきなり入ってくるわけだから、勝負は決まっているようなものだ。

彼女はとても出所直後とは思えない清楚な雰囲気を醸しだしていた。オーソドックスなスーツを着こなし、礼儀正しく、しっかりしたOLというよりむしろ、学校の先生といった感じで私に近づいてきた。

私は彼女の表情を落ちついて見つめた。やや緊張はしているが、敵対心をいだいているようには思われない。話がオウムにおよぶといささか熱くなってきたが、つとめて普通に、冷静に話を進めていた。

それまでの私のオウム信者の脱洗脳経験といったら、末端信者三人だけだった。だが、たった三人の経験でも似通った傾向があって、オウムの洗脳のからくりは解明したつもりでいた。信者に共通して適用できると感じていたから多少の自信はあった。

†激論

会って最初の一二時間はディベートをした。ディベートは、相手が未熟で、命題が高度であればあるほど知識がいらない。テコの原理のように、相手の知識を全部引きだし、そのなかのほんのわずかな綻びを追求していくことで、論理全体を崩壊させるのだ。最終的には、ひとつの逃げ道も残らなくなるまで相手の論理を潰すのである。

だから、彼女がもともと証明したかった、話せば一五分か三〇分程度の命題を完全に否定するため、まずありとあらゆる知識を彼女から引きだした。そして一二時間ほどかけて、その知識から捻出された理由を、ひとつ残らず論破した。

少し詳しくUとのやりとりを再現してみよう。

最初、軽く挨拶を交わすと、彼女はすぐにオウムは悪くないと主張しはじめた。私はその矛盾を軽く追求した。すると一〇分から一五分足らずで、彼女がもっと突きつめた話がしたくなっているのが見てとれた。ディベートの論題はオウムの教義ではなく、どちらかというと抽象度の高い哲学の話題であった。最初の三〇分くらいは、話の内容を理解するため、彼女はおとなしく私の意見を聞いていた。しかしその後はむきになって、ほとんどケンカ腰で私に挑んできた。

その罵声に似た口調に、お母さんがあわてて、

「先生に失礼だからやめなさい」

と言って止めようとした。でも私には余裕があった。わざと怒らせるよう挑発していたぐらいだった。彼女は途中で、ケンカを通り越して本気で感情的になり、ヒステリックにわめきだした。

相手が感情的になったらこっちのものだ。感情を出せば、こちらが意識の深いところにアクセスできる隙を見せることになる。私が喋っているときは、意識と無意識の両面から相手を攻撃している。意識レベルをディベートで、無意識レベルは感情の抑揚を誘うことで責めているのである。

同時に、彼女の生理的な状態も、話しながらチェックしていた。呼吸、まばたき、仕草などを、ミルトン・エリクソン派の心理学者がペーシング[1]を行なうときのように観察し、体の状態を把握しながら、プレッシャーのかけ方を調節したのである。

否定的にとらえていた概念や命題を徹底的に考え抜いて、そうかもしれないと肯定に転じた瞬間、人はさらに変性意識に入りやすくなる。人間の脳はある程度情報処理の限界を超えると、変性意識に入るという変わった性質を持っているので、ディベート中、オーバーロード[2]させるような矛盾関係を、論理のなかにたくさん作りあげていくのもポイントである。

デプログラミングのプランとしては、会う前から一二時間かけてディベートをしようと計画していたわけではない。せいぜい数時間程度を目安に考えていた。最初の三〇分から一時間は彼女の話を聞き、それに基づいて、彼女の論理を利用し、その論理で構築できる大きな因果関係の輪（論理チェーン）を設計する。その大きな因果のチェーンは、さらに小さい単位の、たくさんの論理の因果の輪によって成り立っている。もちろん彼女は、それぞれの小さな論理のチェーンの帰結する主張は想像できるのだが、最終的に大きなチェーンでまったく異なる結論に導かれることには気がついていない。

最初少し話をして相手の思考パターンをつかんだのち、もう一度自論を相手に説明させると、みずからの主張の論理的な帰結として、最後に、その自論自身が打ち砕かれる仕掛けにするのである。チェーンは三時間から五時間分の長さ。慣れているので、その場の即興で作ることができる。それを丹念に一〇時間か一二時間かけてたぐり寄せさせると、相手の主張は、その主張自身によってことごとく潰れてしまう。

相手の論理をあらかじめ設計してあげる。そして、それを相手の言葉で、自分で構築するように誘導していく。それは技術的には、意識上の説得というよりディベートである。そういう抽象空間に、相手の意識状態を構造化して持ちこみ、最終的に、ある瞬間に脱構築する。それ自体、変性意識状態における内部表現の操作に他ならない。もちろん第2章で解説した意識下情報・記号化情報のデプログラミング、フレームの再構築といったものも同時進行で行なう。チェーンの輪をたぐりながら、ありとあらゆる矛盾関係が出てくると、途中からは、もうオウムで慣れ親しんだロジックをいくら振りまわしても有効に考えられなくなる。そうなればこちらのものである。

朝五時から対決がはじまって、一段落ついたのは昼すぎであった。普通に話をしているだけでも変性意識に入ってしまいそうな長丁場、抽象的な命題についてのディベートをしつづけるのだから、その効果はてきめんである。

このディベートで論じた抽象度の高い話題は何だったかというと、たとえば「知とはなんぞや」という問いだった。哲学における命題では、知識というのは正しくなくてはならない。命題の真偽値が真でなければ、知識とはいわないのだ。

自分の一番信頼している友だちがいて、その友だちから誰かの電話番号を教えてもらったとする。しかし電話をしても、なぜか番号が間違っていて繋がらなかったら、私はその人の電話番号を知っているとはいえないはずだろう。同様に、何らかの事件を起こした犯人を人づてに聞いて、犯人を知っていると思っていたとしても、調査の結果、その人が真犯人でなかったとしたら、犯人を知っていたとはいわない。

ある命題を「知」というならば、世界に起こるすべての場合において、それが真でなくてはならない。「電話番号を教えてくれた人は私が一番信頼している人だから、繋がらなくても正しいはずだ」と主張したところで、何の説得力も持たない。要するに「信じること」と「知ること」とは違うのである。ある事件の犯人を、あらゆる状況証拠から、犯人であると信じるに足る要件が整っていたとしても、もしその人が真犯人でなかったら、犯人を知っているとはいえないのと同様だ。命題が真でなければ、「知っている」とはいえないのである。正しいと「信じている」にすぎない。

ここまで理解させたあと、この命題を麻原教祖に置き換えて考えさせてみた。麻原教祖はすばらしい人格者で、信じるに足る人間で、行動にはまったく悪意がなかったのかもしれない。だから彼に教えられた教義という名の携帯電話の番号が、間違っていたと非難されても、番号を聞き間違えたかもしれないし、麻原教祖が言い間違えていたかもしれないし、電話するときにかけ間違えていたかもしれない。しかしその過程がどうであれ、思っていた番号が間違っていたなら、それは知るとはいわない。そういうことは哲学では、知識とはいわないのだよ、と彼女に説明した。

もちろん、このような単純な比喩を使ったわけではないのだが、単純化すれば、このような論理的トラップを、知識、認識、霊魂の存在、輪廻とカルマといった話題について、いくつも仕掛けたのである。

彼女がムキになって反論すればするほど、こちらはそれを全部記憶し、その論理構造を頭のなかでビジュアル化しておく。その設計した構造体を見ながら、また彼女を論理の袋小路に追いこんでいく。相手はそんな状況に自分がどんどん陥っているとは思いもしない。つまり普通に話しているように見えて、最初から土俵が違うのである。

はじめは挨拶めいた、実に身近な話題から入っていったのだが、最後には、「知識とは何ぞや」という完全に哲学の領域の命題にまで話題の中心を移していった。そこまで持ちこめば完全にこちらの勝ちである。議論のあいだは、こちらの知識を教えるというスタンスは決してとらない。ソクラテスの問答のように、向こうの考えを教えてもらい、それについてどんどん質問をする。すると彼女は自分で言った答えで、最後に矛盾に陥るという構図ができあがる。

†ディベートの意義

ここで誤解を招かないよう特筆すべきことがある。私がデプログラミングにディベートを使うのは、ただ単純に、相手に圧倒的に勝つためだ。ディベートで教義を否定して、もともとの教義を捨てさせる気持ちはない。こちら側に圧倒的優位な立場を作りあげ、内部表現の操作を完全にしたいのである。

もちろん、ディベート手法をベースに教義の矛盾を突き、改宗させるという方法論はある。しかし、ことオウムに関しては、アンカーとりという重要な作業なしにデプログラミングが成果をあげるものではなく、アンカーとりを成功させるためには、無意識に対して、ほとんど絶対的な権威をもってアクセスを可能とする関係を築く必要がある。このために、私は圧倒的に勝てるからこそディベートを使うのだ。

オウムの幹部は自分たちの教義体系は完璧だと信じこんでいるし、ディベートの練習もしているので、ディベートを挑まれても勝てると思っている。だからディベートでオウムの教義を用いても、まったく歯が立たない相手がいるとわかった瞬間、信者にとってはかなりのショックなのだ。実際にはUは過去に本当のディベートを経験したことのある人間だ。当然、自分たちの考えやテクニックでディベートを挑んでも、歯が立たない人間がいることを知らないはずはない。しかしカルトにいて勝手に自意識が拡張しているから、どんな人間に対しても、オウムの教義を用いて、知識や生命、宇宙といった話題のディベートに勝てると思いこんでいるのである。

話すスピードについても述べておく必要がある。Uは次第に興奮してくると、まくしたてるように喋りはじめ、何とか私をやりこめようとした。しかしこちらは制限時間内で速く喋る訓練を学生時代から徹底的に受けている。いくら彼女に合わせて速く喋っても、頭は常に先の論理を設定していた。私が喋りの速度を上げると、相手は反論に似た相槌を打つのが精一杯で、どんどん論理矛盾を引き起こしはじめた。

行き詰まってくるにつれ、一段と彼女は険しい表情になり、悔しがってこちらを睨みつけた。こちらの狙いどおりである。言い負かしてやろうと思って、一生懸命自分でいろいろ考えはじめる。脱構築の瞬間である。このときオウムの論理で考えている彼女の頭では、もう何も考えられない状態に陥っていた。そのため自分自身で考えるしかなくなる。この「自分で考える」という行為が、実は脱洗脳のプロセスそのものなのである。

「宇宙はどういう物質で成り立っているの？」

「表面はアストラル界だそうだから、じゃあ、そのアストラルについて聞かせて」といったぐあいに意見を引きだす。そのとき、わざわざあとで考えさせるように、矛盾を孕んだ論理のなかに、それ以上突っこまない部分をいくつか残しておく。最後には、本質部分ではほとんど全部潰すのだが、少し隙間ができているので、その答えを宿題として与えたら、相手は寝ないでそれについて考える。これが、さらなる脱洗脳につながる。

†オウムの教義を論破する

オウムは仏教徒だから、現象論の立場でものを話す。そのことが悪いわけではないが、哲学においては語り尽くされた立場でもある。私は哲学者として、現象論の立場を擁護することもできるし責めることもできる。もちろん、相手に合わせて仏教の唯識論の言葉を使って会話するのであるが、自分たちが現象論的立場に立脚していることさえ、オウムは気づいていない。

オウムがいう個人とは、自分たちの作りあげた主観的存在である宇宙のなかに魂があり、その魂が個を作っているという図式である。だが、仮に私が天才的科学者で、「スタートレック」という映画のなかに出てきたような瞬間移動装置の発明に成功したとしよう。その機械は、すべての物質をアトミックレベルで再現できる機能を持っている。瞬間移動とは、移動先にコピーを作ると同時に、オリジナルを消去することである。つまりこの装置は、単に物質を移動させるだけでなく、オリジナルとまったく同じコピーを作成できるものなのである。③

この装置に私が入って、違う場所に瞬間移動したにもかかわらず、もしもオリジナルの私を消し忘れたとしたらどうなるか。同じ人がふたり存在してしまうことになる。それではどちらがコピーで、どちらがオリジナルなのか。これはインテンショナリティ（意図性）の問いである。インテンショナリティは、哲学にとって非常に興味深いテーマであって、昔から有名な哲学者がたくさん本を書いている。これは簡単な問題のように見えて複雑で、もともとのオリジナルを消し忘れていた場合、移動先にあるほうが本来の目的を満たしたものであるから、オリジナルということになる。ところが実際は移動先にコピーを作って、元を消し忘れただけだから、物理的にどう考えても、元の場所にあるほうがオリジナルである。

こういうことが起こった場合、オウム信者たちのいう魂は、どちらについていることになるのか質問すると、彼らは答えられない。そう結論づけていくと、そこでオウムの論理は崩壊する。本来の仏教では否定されているみたいだが、本人の体の外に二元論的に存在しうる魂を認め、それを輪廻の対象とするオウムのカルト的カルマ論で構築された原始宗教的な教義ロジックは、実は、こんな簡単なSF的思考実験で崩壊するのだ。大体、本来仏教において説かれているのは、業と呼ばれる行為の因果の生死を超えた継続性であり、また、その継続性ゆえの同一性である。だからといって、肉体から離れて存在しうる魂が、物理の制約を超えて転生の対象として連続的に存在するとは、もともと説かれていないようである。たとえそこまで理解できなくとも、ロジックの袋小路に追いつめられたあげく、オウムの教義の枠を出て、自分でものを考えはじめるようになる。

†抽象空間の利用

デプログラミング中、ディベートだけでなく概念空間を使うテクニックも、変性意識の誘発と操作のツールとして採用した。記憶というものは、自我のなかで時系列（タイムライン）に沿ってきちんと並んでいるものではない。それを整然とタイムラインどおりに並べなおすだけで、精神的疾病が治癒するケースがある。

たとえば、タイムライン・セラピー(4)というセラピーがある。手をひろげて右が過去、左が未来、自分の鼻の頭あたりが現在というタイムラインを想定する。相手に今日あったことを思いださせ、だいたい目の前のあるタイムラインのどの位置から記憶を引き出したか指で囲んでもらって、そこにその思い出を置く仕草をする。同じように昨日起こったこと、一週間前、一年前のことを思いだしてもらい、記憶を置いていくと、その順序はアトランダムに置かれたような体裁になる。過去のことでも昨日のように感じる出来事もあれば、昨日起こったことなのにずいぶん以前に感じるものもあるのは、このためだ。

最後に、そのタイムラインをグッと思いきり両手で引き伸ばしてもらうと、記憶の位置が相対的に順番どおりに置き換わり、その瞬間目がくらくらして、強烈な変性意識状態が生じる。人間の脳には記憶空間があり、そこにある相対的な意識を移動させるという行為だけで、強力な変性意識が生成されるのである。

タイムラインの例を引きあいにしたが、デプログラミング中は、記憶だけでなく、概念空間も動かして、相手を変性意識化させる。私の場合は、話の内容を全部ビジュアル化することを得意としているから、ディベート中、論理や言葉を、色と形で相手に示して空間に置いておく。そして、それをあとで並べ換える。そのあいだ、概念空間を連想させることは具体的には言わない。ただ単に、「さっきの話は置いといて」とか、「ところで」とか、何気なく、手先と身振りで何度も潜在的に行なう。わざわざ言葉で詳しく説明しなくても、何度も行なうので、イメージは抽象空間の記憶として相手の脳内に固着する。

こうして何時間もかけて、身振り手振りを使って色と形で表わした、ありとあらゆる論理を空間に形作っておき、最後にそれを操作するのだ。

その論理は、変性意識下では物理的なものとして認識されている。だから相手にとっても、論理の矛盾がビジュアル的に非常に見えやすく、こちらも瞬間的に脱構築のインパクトを与えることができる。

相手の気持ちを無意識レベルでとりこむため、動作や呼吸、瞬きなどを合わせるペーシングと呼ばれるテクニックもあるが、大袈裟な動作レベルではあまり行なっていない。ミルトン・エリクソン派にはペーシング・リーディング[5]と呼ばれる手法があるけれど、そのようなことをしなくても、先に述べた抽象空間の軸を動かしながら話す手法のほうが、さらに強烈な変性意識が生成されるから、使う必要がないのである。

抽象空間を利用する方法は、もともと自分がものを考えるときの癖としてやっているだけで、脱洗脳のためにはじめたわけではない。相手に対してとても抽象度の高い論理を説明するときは、学生同士でも用いているのではないかと思う。黒板に数式を書いて、その意味をわかりやすく説明するときにも使うことがあるし、ディベート時でも相手に勝つ有効な武器となる。

†宿題

ディベートを一二時間つづけ、ほとんど勝負が決まったあとは、彼女は逆に私を質問攻めにした。いままで頭のなかにあった論理の城が崩されたわけだから、今度はより新しくより優れた資材で、建物を建てなおさなくてはいけない。そんな彼女に、明日の朝までに答えを考えておくように、と宿題を出した。その後、彼女はほとんど眠れずに宿題を考えていたらしい。

実は、これもテクニックのひとつである。宿題の内容は割愛するが、彼女にこの時期くりかえしその答えを考えさせたのには理由がある。そのあと、普段起きているときも寝ているときも、その宿題の言葉が意味を持って心に浮かんでくる効果を狙ったからで、要するにオウムに戻らないための布石を埋めたのである。

†神秘体験の洗脳を解く

一夜明けて、デプログラミング作業のために予約した奥多摩のコテージへ向かうため、いそいで車に乗りこんだ。彼女の父が運転し、母が助手席に乗り、私とUが後部座席に座った。彼女は案の定、一晩中悶々と私が与えた宿題について考えていたようで、眠そうに瞼をこすっていた。ほとんど眠らずに構築した反論を、どこまでそれが通用するか試すため、一刻も早く私に直接ぶつけたかったようである。出発するなり車の中でまた議論がはじまった。

場を移したのには他にも理由がある。あるオウム信者の脱洗脳を行なったとき、オウムとマスコミに追いかけられ、ゆっくり仕事にとり組める状態ではなかったので、今回は誰にもわからない場所にしようと思ったのだ。この信者については、最終的に成功したからよかったものの、デプログラミング中に取材の電話がかかってきて、せっかく変性意識状態に誘導した環境を壊されてしまった。そのとき本人が消えてしまっていたらどうなっていたかを考えると、ぞっとする。

奥多摩を選んだ理由は、美しい自然に囲まれていたこともある。デプログラミング後ゆっくり心の回復をはかるため、自然のなかでUを遊ばせようというわけである。本音のところは、離島にでも行きたかったのだが、いろいろ問題があって離島はやめた。ガイドブックをくまなく見て、綺麗な丸太造りの大きなコテージが目についたので、私の独断でそこに決めて予約を入れた。

Uは奥多摩に行くことを嫌がりはしなかったが、なぜ急にそういうことになったのかと怪訝な顔をした。私は、その場所が豊かな自然に恵まれたリラックスできる土地で、泊まるところも居心地のよいキャビンふうの別荘であると説明した。自分の家にすぐには帰れず、一週間くらいは滞在することになると思うと告げると、覚悟を決めたようだった。最初はこちらを何とか説得しようと躍起だったのが、一日経つと、言われたことを素直に聞く姿勢になっていた。

そのときすでに大分余裕を感じていたので、私は車中で諭すように話した。彼女の疑問に似た反論に、それは一般的にはこう考えられているよ、と、ケンカ腰ではなく、ソフトに対応していた。しかし今回抜きとりたいと計画していた三つの洗脳の柱のうち、まだ一本しか作業は終わってはいなかったのである。

おさらいすると、ひとつめは教義や、形式的な思考パターンとして埋められた洗脳。ふたつめは、特にオウムにおいて顕著に確認される神秘体験における洗脳である。意外に厄介で怖いこの種類のものは、今まで見過ごされてきた感じがする。そして最後の三つめが、トリガーによって働くアンカーとして埋められた洗脳である。

気軽な雰囲気で言葉を交わしているものの、アンカーを刺激するような言い方は慎まなくてはいけない。それに気づかれないよう、車窓から景色を眺めながら、私にしてはゆっくりしたスピードで話していた。

目的地に着くと、別の車に乗ってやってきた私の妻と協力者が、買いだしに出かけた。コテージは自炊である。Uは以前料理が得意だったそうなので、気分転換にもなるし、作ってもらおうと思ったのだ。

到着してからしばらくは、不安だったのか、Uは無口だった。室内に二段ベッドがあったので、二段ベッドの下段の左側に彼女が座り、私は右側に座って、そこでまた話をはじめた。今度は、変性意識に徹底的にはまりこませる攻撃に入った。神秘体験による洗脳を除去したかったからである。最も困難なアンカーとりの作業は、原則的に一番最後に行なう手順だが、その前の段階でもトリガーやアンカーの探索は同時に進めておく。

最初、現実世界の話から入る。そこから空間を使って抽象的な話に移行し、初対面のときよりも速いピッチで、相手を変性意識化させた。そこでオウムにいたときの神秘体験について、それが具体的にどんなものだったか知るためのヒアリングをした。そして、そんなことは脳のなかでいつでも起こせる現象であることを説明し、目の前で金粉を降らせた。

この試みは、実は、サイババに関する本を読んで思いついた。サイババは、「ビブーティと呼ばれる灰を信者の前で降らせる」と青山圭秀氏の著書(6)に出ていた。ただ金粉のほうが派手で、相手に与える驚きも違うだろうし、教祖にできたこと以上のことがこんな凡夫にもできるのか、と目を醒まさせる効果も狙える。金粉は、サイババの場合は手品にすぎないといわれているが、私の場合は、変性意識状態に陥らせて幻覚をみせたのだ。

まず面談をはじめて三〇分後ぐらいに、部屋中の空間に金粉を星のように光らせておき、いっせいに雨のように彼女の頭上に降らせた。金色のシャワーを浴びる彼女は、虹色に輝く水滴に見とれ、恍惚とした表情をしていた。彼女はそういう現象が目前で起こっても、すでにそれをあたりまえに感じる状態になっていたので、別段驚くこともなかった。

金粉の次は、オウムにおいて究極の涅槃の境地であるマハーニルヴァーナの世界を体現させた。私がその境地に至った経験をもつ必要はなく、Ｕの無意識からどんなところかをヒアリングをし、それにあわせてイメージングで空間を創出する。つまりマハーニルヴァーナについての会話をしながら、その感覚を具体的に肌で感じられるように体験させ、目で見えるように、その世界を出現させたのである。

それが終わると同じ方法で、人間界、意識界、動物界、アストラル界、コーザル界、上位コーザル界といった、オウムで唱えられている世界を上から下まで全部体験させた。彼女の宗教的ステージより上のステージのヨーガは、彼女の知らない想像の産物にすぎないのだが、ぱっと見せてあげると、Uはいたく感激していた。

神秘体験に酔いつつも、彼女はそのとき、どうしてこんなことがこの人にできるのか不思議に思っている様子だった。もし私が紫か金色の衣を着て、その上から袈裟をかぶり、偉そうに宗教的な御託を並べている教祖だったなら、この人はすごい人だと敬愛し、帰依を誓ってしまったかもしれない。

しかし、いかんせん私のようにどう考えても聖人君子には見えない人間が、気楽に、半分遊びのように神秘体験を引き起こすので、彼女の思考は混乱をきわめた。

どうしてできるかという説明に威厳を持たせることで、教祖的になろうと思えばなれる。しかし彼女が、たった一週間でも普段の私を観察するなら、すぐそうでないことがばれてしまうだろう。寝坊はするし、遅刻はするし、いい加減だし、本当にちょっと変わった一小市民にすぎない。逆に、それが脱洗脳家としての私の強みではないかとも思うが。

二段ベッドに腰掛けてから数時間が経過した。神秘体験を再現し、彼女がそれを特別なことだと思わなくなったのを確認したころには日が沈み、やがて暗くなった。いい加減にお父さんも心配になって、部屋の横の窓からこちらを覗きに来ているのが見えた。一区切りのタイミングだったので、ようやくご両親やサポートしてくれている人たちと一緒に食卓についた。食事はもちろんオウム食ではなく、ごく普通のコロッケやサラダであったが、すでに冷めきっていた。

私のほうは一週間も滞在するのだからのんびり話そうと思っていたのだが、彼女はまだ話を聞きたくてしようがなく、食事中、箸でご飯を口に運んでいるときもお構いなしに、「ちょっといいですか」と私を質問攻めにした。もうディベートの対論者ではなく、えんえんと知識に渇いて話しかけてきた。

変性意識とはそういうもので、時間の概念がまったくなくなってしまう。ほんの三〇分のつもりが、二時間三時間となってしまうのが普通である。おもしろい映画はあっという間に終わってしまうが、つまらない映画は異常に上映時間が長く感じられるのは、そのせいである。一〇時間以上にわたりディベートをしたときも、変性意識状態であったので、そんなに時間が経ったという感覚はふたりとも全然なかった。

こちらに質問してくるということは、脱洗脳の中心的なところには成功したという印である。しかし神秘体験における洗脳までは解けているが、アンカーがまだ埋まったままであることを忘れてはならない。

オウム信者で解けたといわれている人のほとんどに、アンカーが残っているのではないかと不安である。実際、私以外の脱会カウンセラーは、アンカーとりをしていないのではなかろうか。刑務所のなかで自力で解けたと公言している元信者などは、とうてい解けていると思えない。もし私がアンカーという概念を知らず、Uをそのまま家に帰してしまっていたら、オウムに戻る確率は相当高かったのではないかと思う。

†複合技術の重要性

こんな奇術めいた方法は学べば誰にでもできるものなのかとよく質問される。第2章でも述べたように、成瀬悟策氏のような人に変性意識生成の技術をしっかり教わり、自分なりの特技も交えてテクニックを理論化し、理解した上で行なえば、技術的には可能だろう。ただ、その場その場の勝負はなかなか真似できないと思う。特に最初相手とぶつかるとき、落とせるかどうかが決まる最初の一瞥、一言は本当に真剣で、究極の集中力と度胸が要求される。それは技術の問題ではない。

また、変性意識状態の生成と利用だけでなく、ディベートなど、その他のデプログラミングに必要な複合技術を総合的に駆使するまでに至るのはそう簡単ではない。変性意識を生みだす技術それ自体は簡単で、ある程度どんな人でもできる。問題は複合技術の部分なのだ。

まだオウムと関わる以前、山の手線の電車に乗っているとき、変性意識化させる仮説を一生懸命考えていて、それを試してみたくなった。だから得意なペーシングに似た技術を使って、隣に座っている人を何とか眠らそうとした。呼吸を合わせたり、体の動きを合わせたり、いろいろやってみた。何度もやってみた結果数回成功し、実験を重ねるごとにうまくいくことが多くなった。またエリクソンの本によると、初対面の人と握手して相手を眠らせることができたとあったので、それも練習してみた。成功した。しかし、たくさん失敗した上での成功である。成功より失敗のほうがはるかに多かった。

成功する秘訣は場数である。電車のなかのようなたわいもない空間から、命のとり合いぐらいの真剣勝負の現場まで、すべての経験が非常に重要で、前に練習したことがどう生かされるかわからない。

初対面のとき、人は脳の視覚野から最も強く影響を受ける。視覚情報はその他から得られる情報に比べて圧倒的に多いからである。ところがそれは、ほとんど意識化される情報ではない。本を読んでいるときは文字を追うわけだから、言葉によって思考が意識化されるが、人にはじめて会う場合は、会話によって得られる情報がまだ少ないので、意識化される情報は視覚情報に頼らざるをえない。

大量の視覚情報は、無意識レベルの情報としても脳内に蓄積される。さらに視覚的な情報だけでなく、声という聴覚情報も含めて、初対面の印象は多大な影響を無意識に与え、その後の言動すべてを左右する。

デプログラミングにかぎらず、すべての状況において最初の出会いが重要である。ごく普通のセールスマンが顧客に会うときも同じで、ファースト・インプレッションで購買欲はかなり左右される。潜在的に働きかける第一印象も大切だが、相撲の上手のとり合いのように、商談のとき空間をどちらが最初にコントロールするかも、意志決定において見逃せない要因となる。(7)

場合もある。

†教義の矛盾を突く

ディベート技術が脱洗脳で効果を発揮するのは、相手の論理のみを利用して、相手の論理を崩壊させることができるからだ。オウムの教義を一切知らずして、オウムの教義を崩壊させることができる場合もある。

たとえば、ポアの概念についてオウムの説明はこうだ。月刊誌『03』一九九一年六月号に掲載された荒俣宏氏による麻原教祖へのインタビュー(8)では、麻原教祖自身がこう言っている。

「お坊さんが、意識のデータを入れ替えてくれる。入れ替えてくれることによって、人間界、あるいは上位の世界へと生まれかわるんだ」

こういう説明をUもするわけである。

要するに、人が死んだとき、その人の意識を成就者がより高い世界に転生させることをポアと呼ぶという。しかし、このポアの論理によって、麻原教祖が現在悪業を働いている凡夫＝一般市民を殺してより高い世界にポアすることは、その殺された人にとってすばらしいことだ、という奇妙な論理を作りだし、それに基づいた殺人肯定のヴァジラヤーナの教義に依拠して、地下鉄サリン事件などの殺人事件を起こしたことは記憶に新しい。

当然私は、「意識のデータ」とは何かを聞く。オウムの教義どおり、「人間を形成している肉体、感覚、イメージ、意思、意識のうちのひとつである意識のデータである」と答えが返ってくる。もちろん答えになっていない。「識」とは何ですか、と聞いて、「色、受、想、行、識のうちのひとつである識である」と答えるのと同じだ。こちらの質問をくりかえしているにすぎない。おまけにデータという言葉は私の専門領域の用語である。アルゴリズムとデータ構造のデータだ。脳や計算機などの情報処理システムが操作する対象としての情報をデータという。しかし、そんなことをこちらが説明してやる必要もない。逆にそちらが争点になり論点がずれるだけだ。「なるほど」と頷いてあげればいい。

次に「それでは五つの形成要素のうち、意識以外をまとめて、仮にわれわれの〝意識の入れ物〟と呼ぶこととして、この〝意識の入れ物〟が転生するわけではないのだね」と訊く。答えは、論理的に「はい」だ。あたりまえである。「要するに転生するのは、意識なのだね」と念を押して訊く。答えは、論理的に「はい」しかありえない。

どうもオウムでは、「魂」と一般的に呼ばれているものを、「意識」と呼んでいるらしい。オウムは不思議な二元論を信じている。通常の西洋宗教的な二元論では、魂VS肉体、あるいは、精神VS脳といった対の二元論なのだが、オウムでは、意識VS意識のデータという対らしい。意識VS意識のデータVS肉体という三元論かもしれない。これが、二元論ないし三元論であるのは、麻原教祖がいうように「意識のデータを入れ替える」ことができるという考え方に立脚しているからだ。ポアにより入れ替えるのは、意識ではなく、意識のデータなわけである。

これも、こうならざるをえないだろう。ポアで意識＝魂を入れ替えたら、他の人になってしまうので、転生させたことにならない。意識＝魂のＩＤはそのままで、そのデータだけが書き換え可能であり、これができるのが成就者だという。要するにオウムにおける成就者とは精神のハッカーのことだ。

確かに、PSIや薬物で心の情報内容を書き換えようとする危険な洗脳をオウムは行なっているが、オウムの論理では、洗脳＝成就させる方法であり、洗脳者＝成就者であることが、この問答でも明らかである。

つまるところオウムの教義によれば、われわれの魂＝意識は、ソフトウェアでいえば、アルゴリズムとデータ構造が独立した人工知能プログラムのようなもので、このデータ部分だけを入れ替えることが可能であり、これにより高い世界に転生することができるということになる。もちろんオウムは死後の話をしているので、脳というハードウェアなしに実行可能な、特別なソフトウェアとデータの話ではあるが。

そこで、素朴な質問をする。

「死後なのに、意識のデータを入れ替えられるということは、脳という入れ物なしに、意識のデータが入れ替えられるということなんだね」

もちろんオウムは唯心論であるから、「脳とは関係なく意識がある」と来る。そこで、こう訊く。

「ふーん。脳と関係なく意識があり、意識のデータがあるんだ。だから死後にポアできるんだ。でも脳と関係なくできるのなら、生きたままポアできないのはなぜ？　つまり生きた人をそのまま、意識のデータだけ、より高い人間に転生させられないのはなぜ？」

ここで、オウムの論理では一度思考が止まる。

もちろんオウムの論理では、麻原教祖は最終解脱者であり、生きたまままみずから高い世界の精神に意識のデータを書き換えた人なのだろうが、生きている他人の意識のデータを高い世界のものに書き換えられないのはなぜかと問うと、しばし答えられない。そして返ってくるのは、その人が「悪業を積んでいるから」とか「カルマが悪いから」となる。

私の質問はそんなことではない。オウムの論理を突きつめれば、意識のデータの入れ替えは脳の物理的存在と関係なくできるのだから、脳の生死状態にも関係なくできるはずである。それなのに死人の意識のデータしかポアできないのでは、最終解脱者なんていっても大したことないではないかと言いたいのである。だから、

「それじゃあ、もし僕が、生きた人の意識もポアできる、つまり生きたままその人の意識のデータを人間界より上位の世界のものに入れ替えてあげることができるとしたら、僕のほうが、麻原教祖よりも偉いことになるね」

と畳みかける。答えはもちろん「イエス」である。

ここでオウムの論理は崩壊する。なぜならオウムの教義は完璧であり、麻原教祖はその教義上の論理の帰結として、すべての人間より偉くなければいけないからだ。教義の論理上、麻原教祖より偉い人がありうるというだけで、オウムの論理は崩壊である。この問答で、オウムのポアの論理は本質的に崩壊し、「悪業を働いているので凡夫＝一般市民を殺してポアしてあげるんだ」というヴァジラヤーナの論理も当然崩壊する。殺さずに、生きたままポアしてあげるほうが、はるかによいに決まっている。

それでも「オウムの修行をして、バルドのヨーガ、夢見のヨーガ、幻身のヨーガ、光のヨーガというプロセスを経れば、生きたまま、自分で好きな世界に意識のデータを移し替えられます」といって一応は食いさがってくるが、これも答えにはなっていない。

私がいうのは、何々のヨーガなどという修行を一切させずに、生きたまま、凡夫の意識のデータを一瞬で高い世界に転生させてあげる方法があれば、それはオウムの修行よりはるかに優れているし、それをしてあげることができる人は、麻原教祖よりはるかに優れているではないかということだ。そのような麻原教祖より優れた人が論理的に存在可能な教義でもって、麻原教祖が最聖の最終解脱者とは何ごとだ、麻原教祖とは失礼なやつであると、オウムの教義だけからいえることを、ディベートの技術で示してみせたのである。

ここで重要なのは、仏教や哲学の本道の論理や主張を一切利用していないことである。オウムの論理をただ聞き、Uに解説させる作業のみで、Uに対してオウムの論理の崩壊を認識させたのだ。たとえば、「ヨーガや気功といった特別な修行をしなくても、知恵の力だけで、生きたままより高い世界の意識のデータ、つまり仏智を授かろうとすることが仏典の教えなのではないですか」とか「現代哲学も同様ですよ」といったお説教じみた話は一切していない。

もちろんこれでやめたわけではない。

次にUに生きたまま、Uが経験したことのある世界よりはるかに上位の、コーザル界における意識のデータを体験させた。さらに、ニルヴァーナ、マハーニルヴァーナ、マハーボーディニルヴァーナと、生きたまま実際にその場で体験させれば、これで麻原教祖への帰依は崩壊である。

†アンカーとり

奥多摩に場所を移して正解だった。近くには秋川渓谷があり、わずかに聞こえるせせらぎの音や、窓の向こうに見える樹木の力強い緑が、私たちの心を癒してくれた。

少し騒がしい食事を終えて、あとはアンカーさえ無事除去すれば、デプログラミングは完了する予定だった。特にUの場合、上級幹部だけあって、かなりはっきりした強力なアンカーが埋めこまれている可能性が高かった。

神秘体験にまつわる洗脳を解いたあと、恐らく幹部だけだと思うが、オウムに特徴的なアンカーを三つ発見した。アンカーを見きわめるヒントは、会話中、自然に出現する。話をしながら、時として口ごもったり怯えたりする場合、アンカーがあると考えられる。

アンカーは前に説明したように、トラウマと同じで、具体的なイメージは本人の力では意識に上がってこない仕組みになっている。たとえばトリガーとして「それは疑念だ」と言われると、アンカー作用でぶるぶると震えたりする。これは地獄のビデオを見せられたからなのか、LSDを服用したからなのか、具体的な因果関係は本人の意識に上がってこない。実際アンカーの危険な作用を押さえこんだまま、何かあると本人が意識的に感じるところまでいけば、ほとんどアンカーとりに成功したと言ってもよい。

Uの場合、「法すなわち教義を守れ、グルはひとりである、そして、これを破る場合があれば死になさい」というアンカーが浮きでてきた。

Uはディベートによって徹底的に思考パターンを破壊されたので、教義の法は完全に守れなくなった。いままでのステージより高い世界の神秘体験を味わったせいで、かなり混乱していた。そして麻原教祖がやれる以上のことをすべてやってしまったから、無意識においてはグルはひとりではなくなった。

その瞬間、Uのなかでアンカーが起動した。そのイメージがUの脳裏にパッと閃いたとき、そばに私がいなかったらどうなっていたかと思うぐらい、彼女は顔を歪め、死の恐怖を叫びと全身の震えで表現した。

そのイメージを言葉にさせると、どんな精神的なトラブルが発生するかわからない。だから「そこはもういい。わかっているから話さなくていい。いったん終わりにするので休んでいい」と告げた。実は、そこでいったん終わりにしていたわけではなく、引きつづき本人に意識されないレベルで、アンカーの効果が弱まるように、記憶からの切り離しや体感を弱める働きかけなど、彼女の無意識下の情報操作を行なっていたのだが。

しばらくして、彼女の気持ちが落ちついてから、もう一度、少し話を聞いた。また彼女の心に「死ななければならない」という衝動が湧いてきた。オウムでは自殺が禁止されているから、死ぬまで奥多摩の森をさまよいたいとそのとき思った、と、のちに彼女が話してくれた。

オウムにおいて自殺は最悪のカルマで、そうしたら確実に地獄へ落ちると教団内で説かれている。しかしグルに逆らうことは、それよりはるかにひどいカルマを積むことになる。自殺以外の方法ということで、森の徘徊を思いついたのだろう。

私はUにアンカーの恐怖を認識させ、さらに本人の気がつかない無意識レベルで内部表現操作を行なうことで、アンカー自体の機能を押さえることができたと考えている。

アンカーの性質はトラウマと似ている。トラウマも場合によっては、意識に上がるだけで効果が大きく減少することがある。また意識上で解決させる方法もある。その技術のひとつには、第2章でも説明したとおり、リフレーミングとエリクソン派の学者が呼ぶものがある。

たとえば、子供のときにアルコール中毒の親に虐待された子供がいるとしよう。子供のとき親は絶対的な存在で、虐待を自分に何か落ち度があるからだと感じて、トラウマが形成されてしまったとする。その子が大人になってお酒を知り、酔っ払いの醜態を知ったのちに、退行催眠などで子供のときの記憶を思いださせると、そのトラウマがとれることがある。要するに、私の親はただの酔っ払いオヤジだったのだと理解するわけである。

これもリフレーミングのひとつの例である。いってみれば、まず無意識下の情報を意識化し、新しい認識のフレームをそれに適用して再解釈するのである。

ただし麻原教祖がただの人だと思えるようになっても、実際に死ぬ命令が発動されたとき、命令を実行に移させず感じるだけにとどめるには、発動した時点の環境を誰が支配しているかが重要な鍵となる。優れたデプログラマーが支配している環境下でアンカーが出現すれば、アンカーの引き起こす体感や記憶の効果に対抗する内部表現の操作を行なうことができるので、アンカーを無力化できる。しかし環境を十分管理していない人物と一緒であれば、心が暴走して、そのまま窓をつき破って飛び降りる恐れすらある。

本音をいえば、アンカーはいくつ入っているかわからない。頑張ってサーチしても、全部をとりおえる保証はどこにもない。それでも経験則上このくらいなら大丈夫というレベルがあって、そこまで行けば、普通の社会生活のなかでたまにアンカーが出現しただけの場合——非常に嫌な気分にはなるかもしれないが——オウムに戻ることはない。しかし、たったひとりでテレビに映しだされる麻原教祖の顔写真を見たり、マントラの音声を聞いたり、オウムの道場を連想させるような環境下に置かれたりした場合はわからない。アンカーが起動してオウムに戻ってしまう危険性もかなり高い。

死の命令を下すアンカーは、幹部だけに埋められている特殊な種類のもののようである。それは末端信者たちにはなかった。しかしまれに、脱会したはずのサマナ・クラスのオウム信者が、何の前触れもなく突発的に命を断つことがある。これは死をオーダーする何らかのアンカーが作動し、自殺はオウムで禁止されているものの、やむにやまれずそうしてしまった可能性もある。

オウムのアンカーに直接触れてみて、ある意味で、何か軍事的な性質をはらんでいるのではないかと思った。昔スパイに対して催眠アンカーがかけられていたという話を思いだした。たとえば敵に捕まって、催眠などを用いて自白を強要されたら、気を失わせるアンカーである。気を失えば催眠や薬で喋らせることはできない。その「気を失う」を「死ね」という命令に変えたアンカーの存在を発見したとき、なるほど、こういうのをカルトというのかと驚愕した。

死のアンカーは、幹部や実行犯に、おしなべて植えつけられている可能性もなくはない。しかし、その手間を考えると、ほんの数人、ないし十数人といった程度の人数にだけ施されたと考えるべきだろう。

†アンカーの探索

つづいて、このアンカーに関連した概念、さらにその概念と関連する概念というふうに、いわばネットワーク的な探索を行なった。それらの概念に関わる言葉がトリガーとして機能していないか徹底的に試した。「法」という概念であれば、「憎」とか「戒」といった概念も試す。そしてUの反応を見ながら、アンカーの影響が無力化したことを何度もくりかえして確認した。

結果、このアンカーはほぼ除去されたものと結論し、次に断髪式に入った。私はUの長く伸びた髪の毛をつまみあげ、ハサミでジョキジョキと切った。

そうしたのにはふたつ理由がある。

ひとつは、脱会したことを本人と周囲に視覚的に確認させるためである。普通のオウム信者なら、頭をパッと触られただけでも、よいカルマが悪いカルマと交換されてしまうという理由で、ギャーと悲鳴をあげて逃げだしただろう。また、古い『大師マニュアル』のなかにも、女性は髪を伸ばさなくてはいけないという麻原教祖の教えが明記されている。

長い髪をばっさり切った次の日、父親の肩を揉ませた。父親は思いがけない娘の孝行に感動して、涙を流して喜んでいた。出所してすぐ私の部屋に着いたときは、父親が近寄るだけで「触らないで！」と怒っていたのだから大きな進歩である。

だが、油断は禁物だ。まだ発見できていないアンカーがたくさんあるかもしれない。新たなアンカーがないか確認するためにも頭をいじったのである。しかし何事も起こらなかった。次の日には料理に出すための魚を切らせたが、これも大丈夫だった。次は魚釣りに出かけた。こんなふうに徐々にあらゆることを試していった。

それと並行して、引きつづき、さまざまな角度から細かい質問もした。「先生、これを解説してください」とUがオウムの本を持ちだしてきたので、「麻原教祖の写真なんか出しちゃだめだ」と言って、ビリッと破らせた。そしてふたつに裂かれた麻原教祖の顔を眺めさせながら話をした。

こうして、ありとあらゆる機会を利用してUを観察し、アンカーの探索をつづけた。数個の新しいアンカーが発見されたが、いずれも大したものではなかった。

この期間、アンカーはどんな小さなものでも、いくらとっても、とりすぎではない。このときは諸事情から一週間しか日程がとれなかったが、デプログラミングの実質の作業は丸二日であり、あとはアフターケアのためのカウンセリングに当てた。渓谷に魚釣りに行き、釣った魚を「私、さばきます！」と元気よく言って、何のためらいもなくさばいたのには驚いた。実家がもともと網元で、子供のころから魚をさばくのが得意だったらしい。正直、私は、そういうことは苦手である。何よりもゴキブリさえ器にバターを塗って捕獲し、裏庭に放すという殺生禁止のオウムにいたらまったく考えられない行動なので、脱会したというういい証明になると考えて、ビデオを撮っておいた。

†脱洗脳のモラル

この章の最後に特に記しておきたいことがある。

一九九六年当時、あるインタビュー記事で[⑨]、人に脱洗脳を行なう場合、とりわけ被験者に変性意識を生成するにあたって自分に課していた三つのルールを紹介したことがある。第一に、事前に変性意識体験とはどんなものか説明すること、第二に、本人の同意を得ること、第三に、私自身はグルでないことを相手に伝えること、である。特に、第三のルール「私自身がグルにならない」は、私のすべてにおける基本スタンスと思っていただきたい。

これら三つのルールは、心理物理実験やカウンセリングなどの現場におけるルールであるし、Uの脱洗脳の場合にも実際に適用したルールである。変性意識というものを説明し、その生成の同意を実際に得た。Uは、そんなことが脱オウムにつながるとは、あまり感じていなかったのであろう。私としては「変性意識でこのような神秘体験が私のような凡夫にでも引き起こせるのであり、グルの超能力とは関係ないのだよ」という論理を構築したかったのであり、これは運よく成功した。

しかし、その後三年間にわたるオウムの脱洗脳の経験から、少なくともオウムの脱洗脳においては、第一のルールと第二のルールは外すべきであると考えるようになった。心理実験やカウンセリングのルールをそのまま適用するのは、どうも無理があるようだ。Uの場合をふりかえっても、金粉を降らせるなど、あからさまな幻覚などを引き起こすにあたっては、確かに変性意識について言及した。しかしながら、すでに述べたとおり、ディベートという行為だけでも変性意識は自然と生成されるのである。

ある意味で、変性意識体験は自然な生体現象（ホメオスタシス現象）であり、その意味では私自身、脱洗脳中すべての変性意識生成の可能性がある状況において、このような説明をしたわけではないし、それができるとも思えない。

これは臨床心理の現場においても同様である。催眠療法などのあからさまな変性意識誘導を伴う場合は、臨床心理士が第一と第二のルールを適用していることは間違いない。けれども変性意識は、通常の心理面談でも記憶の想起などから自然に生成されるものであり、そんな状況で第一と第二のルールを適用することはないだろう。

加えて脱洗脳の場合は、そもそも信者から同意を得ること自体難しい。オウムの末端出家信者のなかには義務教育さえ満足に受けていないケースもあり、その場合、変性意識現象を科学的に説明することの意味はあまりない。またカルト信者に「これからあなたの洗脳を解きますが同意してください」とうながしても、同意することは少ないだろう。

したがって、第一と第二のルールは、「脱洗脳において可能であれば適用することが望ましいルール」という程度に理解すべきだろうと思う。もちろん、通常の心理臨床などでは、必ず適用すべきことはいうまでもない。

ただ、第三の「グルにならない」というルールは重要である。両親の立場としては、オウムを脱会してくれるなら、別な教祖に帰依したり別な宗教に入信しても構わないということになるかもしれない。しかし脱洗脳という視点からいえば、グルとしての対象をすげかえても脱洗脳が成功したとはいえない。一度デプログラミングに成功したのちに異なる宗教に入信するのは本人の自由だが、脱洗脳そのものは改宗を伴わずに可能なものである。このことは、Ｕのケースにおいても具体的に示せたと思っている。

†残る注意点について

本書で私は、かなりの程度、具体的な情報を明らかにしている。脱洗脳とは何であるかが少しでも社会に伝わり、その技術が進歩すれば望ましいと考えているからだ。もちろんクライアントのプライバシーにぎりぎりの配慮をした上でのことである。

一方で、脱洗脳の成功を社会に明示したい、と本人や家族の方から希望されることがある。本人の社会復帰のため、あるいは家族の仕事上の障害を除くため、カルトと縁を切ったことを公けに証明する必要があるのだ。

そういった事情でクライアントの情報を開示しなければならなくなった場合、すべて本人の希望にしたがってのみ行なうべきである。Uのケースをはじめとして、私がクライアントの脱カルト宣言につき合った場合はすべてそうであった。

脱洗脳の現場はできればビデオ、それが不可能な場合でも録音テープに記録するほうがよい。脱洗脳は五割の確率で失敗すると覚悟せねばならない。一度失敗して教団に戻られれば、不当な監禁や、暴力、倫理的に問題のある手法が適用されたなどとして、教団から訴えられる可能性がある。実際、米国には、カルト側から訴訟を起こされて破産した脱洗脳家もいる。そのために、あとで検証可能なよう記録を残しておくべきなのである。

私はすべて本人のみの希望によって、必要に応じて情報を開示する。さらに、本人および家族が不名誉や不利益をこうむる危険性を考えて行動するよう心がけているつもりである。が、同時に、事実をできるだけ正しく明確に記録として残さなければ、世の中に洗脳の本当の意味での危険が認識してもらえない部分がある。デプログラマーや脱洗脳に関わる人すべては、このバランスをとりつつ、ぎりぎりの判断が必要とされることを、いつも心にとめておかねばならないのである。

第5章　アメリカ〝洗脳〟事情

一九九七年三月二六日、アメリカ、カリフォルニア州サンディエゴの豪邸内で、宗教カルト「ヘブンズゲート」の男女三九名が、宇宙船に乗りヘール・ボップ彗星を追いたいと、謎の集団自殺を遂げた。教祖マーシャル・アップルホワイトは、インターネット上で終末思想を喧伝していたものの、突然集団自殺を図るとは誰も予想していなかった。

現在全米では、こういった社会から逸脱した方向に傾斜する恐れのある集団が、二千以上存在するといわれている。(1) それらは集団自殺を計る可能性だけでなく、自分たちの思想が受け入れられなかったとき、外側の社会に対して過剰なまでの攻撃に出ることも考えられる。

カルト対策について日本とアメリカで決定的に違うのは、そういった団体があからさまな反社会的な行為を実行したときである。日本では一旦警察組織の力で勢力が衰えるものの、その後勢力を盛り返してきたとき、組織を潰す何の決め手も持たないのに対し、アメリカではＦＢＩを含む連邦機関が、その組織を徹底的に解体し壊滅させてしまう。

†古典的洗脳

歴史的にいえば、政治団体としてのアメリカが一番最初に現代的な洗脳と呼ばれるものを学んだのは、かつて中国共産党が行なっていたといわれているものからである。この技術は、ブレイン・ウォッシングと名づけられた。[2]

洗脳技術は、一九五〇年代初頭に勃発した朝鮮戦争中、捕虜となった米軍兵士に施され、彼らが帰還後その体験を証言したことで公けに明らかになった。戦争中、中国と朝鮮の国境を流れる鴨緑江のほとりに、洗脳用医療機関が存在し、捕らえられた米兵が投獄されていた。そのうちのひとり、二一歳の青年米兵ウエイン・ヒルマン伍長は、施設内で凍傷になってしまった。風船のように膨れあがって激痛の走る足を治療をしてもらうことになったが、その交換条件に、アメリカ人が編集したものだと渡された共産主義の宣伝用パンフレットを、その内容を本気で信じこむまで、くりかえし読まされた。暗記してしまうまで読んで、「もう理解しました」と主張しても、なかなか治療の許可が下りない。しばらくこんなやりとりがつづき、やっと足の治療の許可が下りるころには、ヒルマンは完全な共産党員となっていた。そのテクニックはのちに、ベトナム戦争における心理作戦の基礎となる。

現在、洗脳の技術について一番研究が進んでいるのは、認知心理学が発達しているアメリカに間違いはないだろう。とはいえ洗脳の本格的な研究が始まったのは一九六〇年代に入ってからであって、実質三〇年ぐらいの短い期間で生みだされた技術にすぎない。

✝感覚遮断実験

洗脳が科学的モデルとして明らかにされたのは、著名な心理学者D・O・ヘッブ（1904-1985）[3]の功績である。彼には他にも、人工知能やニューラルネットなどの世界で、ヘビアン・ラーニング（ヘッブの学習）と呼ばれている有名な研究がある。[4] 彼は感覚遮断実験[5]により、洗脳のプロセスをいちはやく科学的に解明した。

人間は感覚を遮断されると特殊な意識状態になってしまう。特殊という言葉には、変化・変性したという意味で、オルタードという英単語が用いられているのだが、その状態は現在、一般的には変性意識状態（Altered States of Consciousness）と呼ばれる。宇宙空間や外的な刺激から一切遮断された密室では、人は夢を見たり、催眠状態になったり、酒を飲んで酩酊した様な状態になるが、これがいわゆる変性意識状態の症状である。

文献 *Psychiatry and the CIA*[6] によると、実験とは次のようなものである。アルバイトを一日二〇ドルで雇い、彼らをベッドに寝かし、目隠しをして、手をチューブのなかに突っこむ。その状態のまま長時間放置しておく。二二人の男子学生を使って実験を行なった結果、与えられた情報に対しての判断能力が鈍って洗脳されやすくなっていた。また、問題解決能力も低下し、体から自分の人格が離れていくように感じたという。さらに、いろいろな内容の文章を読み聞かせたところ、オカルト情報を特に受け入れる傾向が見られた。

その結果に興味を持ったカナダの国防省は、一九五〇年から五七年ごろにかけて、年間一万ドルの研究費を感覚遮断実験のために投入した。ヘッブはカナダ国防研究委員会のメンバーだったが、その会にはイギリス、アメリカの研究者も集められ、意見交換がなされた。そこで当時、ソ連市民のいろいろな告白記録が公開され、ソ連ではどうやら新しい心理的な手法が用いられていることが分かった。

カナダで行なわれた研究成果をもとに、アメリカでもCIA予算で、洗脳の手法を解明する目的で感覚遮断実験が研究されるようになった。その結果、一九五七年にCIAの科学者アルバート・ビダーマン（Albert Biderman）が、"Communist Coercive Methods for Eliciting Individual Compliance" という論文を発表し、それによって一般の学者にも感覚遮断の危険性が認知されるに至った。

認知心理学や実験心理学の分野に入る心理研究も、もともと軍事的な要因があって研究されてきたものが多い。朝鮮戦争における洗脳というテクニックに衝撃を受け、それを解明しようと努力する心理学者が数多く現われたおかげで、その時期行なわれていた宇宙開発、軍事開発と並行して洗脳研究がなされるようになり、心理学だけでなく多様な分野に洗脳の技術が応用された。

†NASAと洗脳

一九六〇年代以降も、実は、感覚を遮断するだけである程度洗脳ができてしまうという内容の論文が、ひきつづきいくつか発表された。それによると、変性意識状態では被暗示性が高まり洗脳されやすくなるということだけではなく、感覚を遮断される期間を教えないほうが効果があることもわかった。

「これからあなたを真っ暗な独房に二日間入れ、感覚遮断します」と言って入れるのと、「あなたがどれくらい入っていなくてはならないか、わかりません」と、いきなり投げこまれる場合では、まったく効果が違う。これはなぜか。

人間の心理は、ある事象に関して知識がないと、恐怖が生まれる構造になっている。だから、知識のない状態で感覚遮断された環境に置かれると、恐怖心が高まり相手に従いやすくなる、というのがひとつの説明である。約三〇年前、ヘッブの実験ですでに確かめられていたその効果は、オウムの独房修行を行なおうとする信者や、自己啓発セミナーに参加しようとする人々の心理状態にもそのまま当てはまる。

その後、同様の感覚遮断実験を含めて、無重力状態で意識がどうなるかという脳機能研究による心理物理実験は、現在でもNASAなどでつづけられている。それは洗脳の実験というわけではないが、そこで得られたデータは人間の無意識ないし非常に意識の深いところに関わる貴重な研究データなので、何らかの形で洗脳者の手に渡って悪用されるようなことがあれば大変危険である。

しかし現在のところ、米軍は洗脳という技術を積極的に軍事活用しているのではないと思われる。というひとつの理由は、たとえば私が留学していた私立大学は、米軍から予算が多く出ている関係で、いわゆる米軍のエージェントの人たちが通学していて、私のように国籍がアメリカでない留学生と一緒に研究をしていた。加えて学内には、ＫＧＢのエージェントも在籍していた。これは私の大学に限ったことでなく、アメリカ社会の体質がオープンなのであって、よい意味でも悪い意味でも開けているのである。そのせいかベルリンの壁崩壊前に一度、学内の研究員に地元ＣＩＡから、学内におけるＫＧＢの活動が活発なので、何か不審なことがあったらもよりのＣＩＡに連絡してほしい、という警告書が配られたことがあったくらいだ。

そういう玉石混淆の学問の世界では、洗脳をあからさまに研究すると、する側もされる側も非常に大きなリスクを負う。最悪の場合される側も命のリスクを負うが、する側も国家的なリスクを負う。洗脳技術の分野は、常に最新のテクノロジー、最新の実験結果を利用しなければならない世界である。そういった技術を、われわれ現役の大学にいる人間たちや、アルパネット（Arpanet 現在のインターネット）で繋がっていたわれわれの横のネットワークも含めて、一切知られずにやるというのは不可能なのだ。

†ビジネスへの応用

ヘッブらによって明らかにされた洗脳的手法は、その後、経済的な分野と精神的な分野のふたつの分野で応用されてゆく。

経済的な分野というのは、ビジネスで儲けるためにその手法を用いることである。日本にも催眠商法とかＳＦ商法と呼ばれる形で伝わっている。

ある会場に主婦や老人を大勢集め、最初に無料で景品をどんどん渡し、甘い言葉とともに雰囲気をなごませて気持ちをほぐしたのち、高額な羽毛布団などを持ちだして「いま買うとお得ですよ」と強調すると、不思議なことに、会場の主婦らはこぞってその布団を買おうとする。

このように、人の心を商品を買わせたりする方向に操ることができれば、当然、経済的なメリットは非常に大きい。洗脳かどうかギリギリのグレーゾーンで成り立っているやり方も見かける。いわゆるネットワーク・ビジネスで、日本経済新聞などに堂々と広告を出すような会社も日本に入ってきている。これは洗脳ではないと言われるかもしれないが、少なくともその根源に、あきらかな洗脳的手法があることは間違いないだろう。

ビジネスに応用されているテクニックには、さらに微妙なものもある。たとえばミルトン・エリクソンの弟子たちは、ビジネスマンを相手に説得力のある話し方や、相手が自分の言うことを聞いてしまう交渉の仕方を教えるセミナーを頻繁に開いている。

たとえばＮＬＰセミナーと呼ばれているものがある。目の動き、言葉のペーシング、どんな動詞を使ったら相手に体感的な繋がりを感じさせることができるか、など、セールスのための表現戦略を教える。[7]　一見問題なさそうだが、受講したセールスマンが学んだことを利用して、何も知らない無防備な顧客に商品を売りつける可能性はある。それが顧客のためでなく、セールスマンの一方的な利益のためであれば、洗脳的手法を用いたといわれても抗弁のしようがあるまい。

†心理療法の発展

洗脳の研究は、ベトナム戦争時に飛躍的に進んだ。ふたつ理由があった。ひとつは朝鮮戦争のときと同様、ベトナム戦争でも帰還した兵士が非常に過酷な洗脳をされた痕跡があり、それを治療する必要があったこと。もうひとつ重要だったのが、フロイトのいうトラウマ、つまり心の傷の問題であった。

フロイトの時代、および現在の大学の精神科で学ぶトラウマというのは、「子供のころ親に叩かれた」といった比較的日常レベルの傷のことを指す。場合によっては「レイプされた」「自殺を計った」など強烈なものもあるかもしれないが、ベトナム戦争時のものは、そのレベルをはるかに超えていた。隣の人の頭が銃撃で吹っ飛んだり、自分の右足が粉々になったりというおぞましい内容で、伝統的なフロイト派の臨床で経験されてきたような平和なケースとは桁違いのものだった。

そんな体験をかかえた人々が、ベトナム戦争が終わると同時に、何十万人も帰還してきたのである。それを早急に癒さなければならないという大命題がアメリカにはあった。そして、フロイト派の治療の範疇では、心理的な面だけでなく時間的な意味でも、そのトラウマを処理しきれなかった。

フロイト派の精神分析療法は、フロイトの時代には一週間に五、六回の分析治療、ベトナム戦争当時のアメリカのフロイト派でも週に三、四回のセッションが普通であっただろう（現在では、日本でもアメリカでも、週に一、二回のセッションが普通である）。それでも、フロイトやフロイトの弟子たちによれば、完治に三年から五年かかるという。そのようなやり方で、何十万人の、それも人が無惨に殺される強烈な光景を目撃したり、敵から残酷な虐待を受けたりして心に深い傷を負った帰還兵を癒すことは不可能に近かった。

ポスト・トラウマティック・ストレス・ディスオーダーズ（Post-Traumatic Stress Disorders＝PTSD）という言葉がある。トラウマ後ストレス性障害と訳されるが、これは通常ではほとんど起こりえないような「通常の人間的経験の範囲を逸脱し、生死に関わるようなきわめて重大な障害的事態」に遭遇した場合に、その後に体験される精神障害のことを指している。日本でも阪神大震災のときに有名になった。震災で家を失ったり親しい人を亡くした心の傷による後遺症が、この言葉とともに社会問題化したのは記憶に新しい。

地震以外にも、ＰＴＳＤの引き金となるトラウマには、性的暴行、虐待、誘拐、肉親の自殺、交通事故、そして戦争体験などがある。そして、このＰＴＳＤという概念は、まさにこのベトナム帰還兵の戦争体験における心的外傷の後遺症の研究から生まれたものなのである。(8)

そういうＰＴＳＤに陥った兵士を大量に治さなければならない必要に迫られたとき、それまでの治療に時間を要するフロイト派やユング派的な方法論に比べて、エリクソン派が改良した「インベーシヴ」（invasive）、つまり「介入的」と呼ばれるやり方のほうが、早期に治療できると医師たちは考えはじめた。

たとえば、介入的方法のひとつであるブリーフ・セラピー（Brief Therapy）(9)は、一回のセッションのみで治療を行なうことを目的とする。これは短期間で変性意識状態を起こさせ、意識の深いところに介入し治療していく方法である。未熟な医者が治療中ととても大きなトラウマに触れてしまったとき、解決しないで避けて終了してしまうことも考えられる点では、治療する医師のレベルが要求される方法ではあるが、心に介入して患者を変性意識状態に至らせることが有効であることは認めざるをえない。

こういった風潮から、ベトナム戦争以降のアメリカでは、深い変性意識を引き起こす技術と、その状態から記憶に働きかけ、意識にまで介入するありとあらゆる新しい手法が一気に花開いていった。その勢いは七〇年代だけでなく、八〇年代、九〇年代にも引き継がれていった。また近年、米国の保険診療の制約が長期の精神科治療のコストを許さぬ状況になってきたという要因も、この傾向を加速させた。

また、最近では頭打ちになりつつあるとは思うが、精神療法の派閥の数が増えつづけている問題もある。精神療法の世界もヨガの世界などと同じで、自分が自分のやり方で開業したいのなら、オリジナルの流派を作らなくてはいけないのである。独立しなければ、ある人の弟子のまま、その人のやり方を踏襲するだけで終わってしまう。名の売れた稼げる名医になりたければ、新しい精神療法の創設者にならなければならない。

そんな事情で、現在おそらく五〇〇から六〇〇の流派に枝分かれしている。しかも時とともに多様な手法が導入され、療法が進化するにしたがい、人間の心に対する介入度がいっそう高くなっている。今後、この技術はどこまで深く人間の意識に関わっていくのかと不安を感じるほどである。

†現代カルトの起源

他方、精神療法の手法は、LSDやマリファナを代表とする西海岸のニューエイジ・ムーブメントにも強い影響を与えた。知識を得たセラピストのなかに、それを宗教やLSDの世界に応用する者が現われはじめたのである。[10] ある意味では、ミニカルトの発祥はこういうところにも見られる。

カルトには大ざっぱにいって、ドラッグ・カルチャーとしてのミニカルトと、宗教的に純粋なミニカルトのふたつの種類がある。

ドラッグ・カルチャーとしてのミニカルトにおいては、テクニックは精神療法のものだが、そこにLSDが介在する。

そもそもニューエイジ・ムーヴメント全体のはじまりはLSDであった。LSD25というのは商品名であり、化学的にはジエチルアミド・リゼルギン酸と呼ばれる物質で、昔はスイスのある会社でしか製造されていなかったと記憶している。LSDはヒッピーたちのあいだでは究極のドラッグと言われていた。なぜなら、ほんのわずかな量で効いてしまうからである。LSD25の文献によると、二〇マイクログラムぐらいで十分いい気分になり、二〇〇マイクログラムも処方すれば、もう完全にあっちの世界にいってしまう。四〇〇マイクログラムだと、ほとんどこっちの世界に戻ってこられないレベル。五〇〇マイクログラムを越えると死に至る。

LSDはアメリカではのちに、脳に悪影響をおよぼす、染色体異常を引き起こす、洗脳薬になりうる、暴力団（マフィア）の資金源になっている、などといったさまざまな理由から法律で禁止された。

その本当の理由は明らかになっていない。ただ、暴力団の資金源というのは説得力がある理由である。マイクログラム（一〇〇万分の一グラム）単位という極少量で効くので、日本でもときどき行なわれているそうだが、切手の裏側にちょっと染みこませれば、相手は、配達された封筒に貼られた切手を舐めるだけでトリップできる。刑務所に入っている人間でも、手紙を送るだけで入手が可能で、社会のどこにでもドラッグが運ばれてしまう。

ＬＳＤはタバコのような身体的依存性は特に見られず、強い耐性は確認されたが、通常の使用量においては、脳への悪影響や染色体異常などは、結局確認されなかった。トリップしている八時間程度のあいだは、荒唐無稽な幻覚の世界に迷いこんでしまうが、大人しくなるだけであって、別に暴力的になるわけではないし、終わってしまえばとりたてて問題がない。そういった意味で、当時のヒッピーの理想的なドラッグだったのだ。

このＬＳＤが引き金となって、いわゆるニューエイジ・ムーヴメント、ヒッピー・カルチャー、ドラッグ・カルチャーが西海岸に急速にひろがっていった。

そのなかに、ＬＳＤ以外に気軽に使えるドラッグがあった。マリファナである。現在のアメリカでは、マリファナは事実上合法で、売ってはいけないが吸うことに関しては禁じないという変わった取り締まりが多くの州でなされていて、個人的に自分で使っているぶんには逮捕されない。吸引目的のものではないが、マリファナの茎で作られた袋が堂々とアメリカのボディ・ショップで売られているくらいの社会的許容性がある。

マリファナによって隆盛したマリファナ・カルチャーというのも、実はミニカルト・カルチャーであって、ＬＳＤのミニカルトと形式が非常に似ている。

ＬＳＤをやるときは絶対ひとりでしてはいけないという鉄則があり、大抵はパートナーがトリップのあいだ横につき添っている。(11) この鉄則は、マリファナの場合にも適用された。ＬＳＤが強烈な光の体験やサイケデリックな多次元宇宙の体験を誘発する、まさにニルヴァーナ体験そのものの幻覚剤であったのに対し、マリファナは起承転結のストーリー性のあるトリップを行なうためのドラッグであった。その意味でマリファナというドラッグは、瞑想や自己開発を目的とするＬＳＤとは違って、ミニカルトのなかでトリップ自体を楽しむものとして使用され、吸引時には必ずリーダー的役割を果たすトリップ・マスターと呼ばれる人物が同席した。ローリング・ストーンズ、ドアーズといった日本でも著名なバンドの音楽は、これらの環境から生みだされたものである。つまりミック・ジャガーや、ジム・モリスンなどはトリップ・マスターで、トリップするときのバックグラウンド・ミュージックとして音楽を創作していたという背景がある。

ちなみにローリング・ストーンズのストーンという言葉は、英語の Get stoned というスラングから来ているといわれる。Get stoned は「ハイになる」という意味である。

マリファナのトリップは、四、五人ぐらいで車座になって吸う。うちひとりは、ＬＳＤの場合と同様、医者的役割を果たすトリップ・マスターである。

日本でドラゴン・クエストなどのコンピューターゲームのヒントにもなった、ダンジョンズ・アンド・ドラゴンズ（Dungeons and Dragons）、通称D&Dと呼ばれるロール・プレイングのボード・ゲームがある。マリファナを吸いながらそれを楽しむというスタイルが流行った。ゲームのあいだは、ドラゴン・マスターと呼ばれる人が、同時にトリップ・マスターの役割も果たしながら、ロール・プレイング・ゲームのストーリーを展開する。マリファナを吸い、D&Dの仮想世界をみんなで本当に見ながら、役になりきって歩きまわる。それがマリファナ・カルチャーの実態だった。

だがトリップ・マスターが未熟だと、マリファナは人の心を躁にも鬱にも変化させる。鬱になると窓から身投げしてしまうこともある。全員がハイになって一日中げらげら笑いながら時間をすごせるかどうかは、トリップ・マスターの技量次第なのである。

そういったトリップ・マスターの管理下で、ゲームをはじめとする面白いトリップを仕掛けるカルチャーがドラッグ・カルチャーであり、六〇年代から特に七〇年代に隆盛し、いまでもアメリカの大学で行なわれている。

†洗脳的教育

さらにアメリカの典型的な大学には、カルト・リーダー的な存在の教授が必ず何人か在籍している。実際私の知るそういったアメリカ西海岸系の教授の写真を見ると、ニューエイジ・ムーブメントの影響を強く受けているせいか、長い髭をはやし、白髪で、ヨーガの修行者のような風貌をしている。実際、心理学や哲学といった学問分野の大家たちなのだが、講義では、「生とはなんぞや」「死とはなんぞや」というテーマが中心である。そういう教授が学生に行なっていることは、日本人が馴染んでいる教育とは大きく異なり、極端な言い方をすれば知能とドラッグ両方からの洗脳的な刷りこみである。

たとえば週二回、金曜と土曜の晩にゼミのミーティングが開かれる。金曜の晩は大学で、教授の教え子が学校のセミナー・ルームに一同に会し、教授に対抗する学派を、徹底的に論破する研究をする。そういった会合はフライデイ・ファイトなどと呼ばれる。

ターゲットとなる対抗学派の学者は、哲学の分野だけでなく、倫理学や心理学、数学の分野も含めて、ノーベル賞級の人物を全米から一〇人ほど選ぶ。それぞれの学者の役割を果たす学生を毎週ひとり、一〇週間で一〇人選ぶ。選ばれた学生は自分の演ずる学者の学説を徹底的に勉強し、一週間後その役として論壇に立つ。彼の論説を残りの学生と教授で論破していこうという一種のゲームである。

たとえば、ある学生が有名なA先生の役割を果たすとする。もちろんA先生ほどの知識はないのでA先生の弟子役程度だが、次週までにA先生（の弟子）になりきって、必死になって論文を全部洗いなおし、この学問はこう解釈すべきだとか、学問的な意味でのひとつのパラダイムを事前に打ち立てて会合に臨む。

そして当日、小一時間をもらって、自分のパラダイムを滔々と論じる。その後二時間ぐらい、深夜までつづくこともあるが、A先生役以外の教授の弟子三〇人ぐらい全員で、A先生役を徹底的に論破する。

これはディベートではない。なぜならA先生役の生徒対残り全員という対立関係で、残り全員は教授の意見と寸分違わない金太郎飴の議論を、A先生役の生徒に対して展開するからである。反証は、A先生役以外の全員で一週間徹底的に考えていて、とにかく残りの時間でA先生役の提示する論を完全に破壊する。

それを一度行なうと完璧に内容をおぼえてしまうから、ターゲットとされたA先生本人に会ったとしても議論に勝つ自信がつく。本人でなくとも、弟子とどこかの学会で遭遇したとき、こちらから問いを投げかけ、相手がどう反論しようと、自分の論が正しいことを証明できる。それほどの知識が得られるミーティングを一年間ずっとやりつづけるわけだ。

それはある程度参加しつづけると、完全に変性意識化してくる。閉鎖された空間で長時間、頭を集団でフル稼働させていれば、集団催眠状態に陥る。そして思考構造は均一化されるので、その経験を経ると、ある事柄に関してみんな同じ意見になる。大抵は金曜の会合のあと、または土曜に、教授の家に行って車座になり、全員でマリファナを吸う。そして今度は、論を抜きにドラッグのみで単にトリップする。その先生は、トリップ・マスターでもあるから、学生はその先生がますます神様に思えてくる。

日本では到底考えられない方法だが、当時ある意味で先端的な教育法であった。これは洗脳と教育のすれすれの境界線上だろう。ただし学生がみずから積極的に希望して、試験まで受けて参加しているのであり、宗教カルトのように勧誘されたわけではない。学問の世界では、その教授の愛弟子というだけで、社会的なステータスもある有名大学の助教授の職につけたりするのだから、愛弟子になりたい者も多かった。弟子になるために、学生は少しでもその先生と同じ思考を身につけたいし、同じように発言してみたい。そして、その先生の助けがなくても、人に対して議論に整然と答えられるようになりたいのである。

ひとつの強烈な教育方法でもあるが、カルトと同じ機能を利用したある種の洗脳法でもある。アメリカの大学では、こういったことでトラブルになることがよくある。

特にアメリカに留学する日本人に注意したいのだが、アメリカの大学には、ドラッグを用いるトリップ・マスターとしてのカルト的なリーダーが結構いる。そういう人たちが悪意をもって洗脳的な手法を用いることもないわけではない。よくわからないうちに相手を盲信して、こういったグループに参加すると危険である。

†宗教カルトの誕生

先にも述べたLSDやマリファナに代表される小グループでのドラッグの使用が、実は現代的なミニカルトのはじまりである。その際、ドラッグによって強烈な変性意識が引き起こされるからである。そのなかで、自然に、踏み越えてはならない心の未知の領域、第1章で触れたダークネス・バウンダリーを超えてしまう人が出てくる。

ダークネス・バウンダリーを超えてしまった人格的に未熟な人は、オカルトに走るかカルトに走ることになる。カルトに走る人も、もちろん本人にカルトに走っているつもりはない。宗教の道を選んだつもりになっている。カルトと宗教のあいだに本質的な差異があるかどうかはここでは吟味しないが、カルトは破壊的で宗教は建設的なものという違いを、とりあえずの目安にしておく。しかし内容を吟味できない状況で、はたから見るならば、カルトと宗教の差は単に宗教家の立場の差にすぎない。その意味で、カルト（本人にとっては宗教）に走るというのは、物理的な生産性を放棄する集団に走るという精神状態であることを示してもいる。

もとより、ドラッグを使用しないでカルトを形成していった人々もいる。

ドラッグは基本的に、脳内伝達物質のフィードバック系に影響を与えることによって、効果を生みだしていると思われる。したがって、それと同じ作用はドラッグなしでも得られる。その一例が精神療法の介入的方法である。それによって変性意識状態に陥る。何百とある流派のなかで、ある流派の手法がドラッグ同様に非常に深い変性意識状態をつくり、意識がダークネス・バウンダリーを超えてしまうと、そういう状態の人たちが集まって、同様なカルトを作ってしまう。

こういったミニカルトは、宗教的発想と結びついた時に別な可能性が出てくる。

本来、ミニカルトは組織をひろげようとはしない。彼らはもともと外向的な社会的欲求が乏しいからこそ非生産的なドラッグや精神療法に走った人々なので、欲求の方向性は内向きである。よりトリップしたい、より癒されたい、と思うことはあっても、社会的に影響力を持ちたいとは考えない。

しかしそこに擬似宗教的なファクターが加わると、外側への成長性を持つようになる。組織化が必然的に行なわれ、それが教団と化したとき、必ずグループは外側へひろがっていく。生物が器官をどんどんひろげていくように、教団という組織になった瞬間から、その教義を周囲に認めてほしい、世の中を信者から見てよく変えたいという欲求が強まって、拡大をはじめる。

このような経緯からか、アメリカには世界でも悪い意味で有名なカルトが多数生まれてしまった。そのなかでも歴史に残る最も凶悪なカルト教団が、アメリカから南米ガイアナに移住し、大規模なコミューンを形成した人民寺院であろう。信者の財産を私物化しているなどの指摘があって議員らの立ち入り調査を受けた際、教祖ジム・ジョーンズは内部不正の発覚を恐れ、一九七八年一一月二〇日、教団施設内で議員らを殺し、九〇〇人の信者を服毒自殺させ、みずからも命を絶った。教祖は晩年麻薬を濫用していたらしいが、実はCIAの手先だったという噂もあった。その噂の根拠はふたつあり、当時CIAは洗脳に関する新しいデータをとりたかったこと、どこかでカルト的テロリスト的な犯罪が起きていないと、自分たちの予算が削られる恐れがあったことがあげられるが、あまりにも無惨な最後を遂げたカルトをどう理解すべきか苦しむ人々が作りあげた仮説がひとり歩きした意見であろうと思う。

最近の事件で記憶に新しいのは、テキサス州にあったブランチ・ディビディアンの一件である。「神の王国を築くために地上の邪悪なものどもを一掃する」と予告し武装化していたのだが、一九九三年四月一九日、FBIが強制排除しようとした際、教祖デビッド・コレシュはみずから施設に放火、集団自殺を計った。犠牲となった信者は九四名。教祖はフリーセックスを提唱し、妻は一八人いたという。

補足すれば、日本のオウム事件のようなことがアメリカで勃発したなら、即刻殲滅されていたであろう。オウムのような団体は、宗教団体としては扱われず、テロリストとして扱われるから当然である。

†統合される宗教カルト

現在のアメリカにおけるカルトは、系統的には、キリスト教系の団体、仏教系の団体、インド哲学をベースとしたヨーガ系の団体の三つに大きく分けられる。イスラム教系の団体もあることはあるが少数派であろう。

これらの団体は、世界のメジャー・レリジョンの派生系という形態をとっている。私なりの意見を述べるなら、メジャー・レリジョンというのは、宗教の生存競争を勝ち抜いてきただけあって、それだけ強力な求心力を持っていると考えられる。それに、新しく教義を作るより真似たほうが簡単である。また教祖自身が最初どこかの宗教に帰属していたというケースも多い。日本でも新興宗教は既存宗教の形をとっているか、またはその教義を借りている。いずれにせよ、ミニカルトからまったく新しい教義体系の宗教を興すには、教祖自身がきわめて賢いか、優秀なブレーンが存在しないと不可能であろう。

とにかくミニカルトは、メジャー・レリジョンの揺るぎない教義を内包した瞬間、内部に階層性が生まれ、自己組織化がはじまる。ヒエラルキーに縛られた信者たちは勧誘活動に呪縛され、極端な場合、組織は破壊的カルトへの道をたどる。

破壊的カルトの典型的なパターンは、まずメジャー・レリジョンの教義を片手に、自分たちだけがこの教義の正当な解釈をしていると主張するようになることである。

しかし本来のメジャーな宗教はすでに社会に浸透し、承認されているため、メジャーから異端とされる宗教集団は必ず社会に迫害される。日本以上にアメリカは、そこまで異端宗教に寛容ではない。いくら日曜日に教会に行かない人であっても、信仰している宗教に似てはいるが、一種異様な宗教集団が町に入ってくることを快くは思わない。

こういった理由で迫害を受けると、破壊的カルトの信者たちはひるむどころか、報復をはじめる。彼らの信仰が篤ければ篤いほど、報復は過激さを増し、ときには反対者の家を焼いたりする。

ところで九〇年代に入ってからは、アメリカにおいて、こういったカルトが巨大な組織に吸収されていく傾向があるように思われる。それは大きくいって二つの団体が中核となっているようである。ひとつは、キリスト教系から派生した統一教会、もうひとつは、七五〇〇万年前に水爆で死んだ宇宙人の霊が人類にとりついているとする、まったく新しい教義を持つSF作家が開祖であるサイエントロジーといわれている。こういった傾向を、本来カルトに寛容でないはずの米国政府が容認しているようにみえるのは、これらの団体が、ブランチ・ディビディアンやオウムのようなテロ行為に走る危険性がないと判断しているからかもしれない。

しかし、こういった団体の規模が、今後十倍、百倍に拡大していくかというと、そうは思わない。

カルト集団が与えるものと、アメリカ人が求めているものが、どこまで合致するかを考えたとき、そういった集団が提供できる内容は所詮マイナーでしかない。これらの集団が培ってきた教義や価値観は、もともと人口千人にひとり程度のニーズであろう。そのなかにも組織の帰属するメリットがある人とない人がいる。そういう人口のなかの少数派が、現在のカルトを形成しているのである。

†ニッポンの危機

ただし、日本にはアメリカと異なる状況がある。たとえば精神科医の地位である。アメリカ社会では、精神科医は日本の歯医者のような存在である。俗にそれらの医師はシュリンクと呼ばれているが、アメリカ人は予防的にも通うし、それどころか鬱がひどい状態で行ったりすると、虫歯を放っておいたときのように、「どうしてこうなるまで放っておいたのか」と不思議がられてしまう。

こういった現象は、アメリカのストレス社会の反動でもある。ニューヨークのウォール街で働く、毎日が成功と失敗の連続である株のディーラーたちが、シュリンクに通いたがるのは自然の成り行きだ。競争社会のなかのオアシスとして、シュリンクは機能しているのである。

しかし、アメリカ同様に経済大国化したわが国においてはどうだろう。社会がアメリカ並みのストレスをかかえ、個人レベルで解決できない段階まで達しているというのに、歯医者のようなつもりでシュリンクには行けない。それでは宗教の僧侶が機能しているかといえば、僧侶の出番は人が亡くなったときくらいである。

　つまり日本には、「癒し」の役割を果たす人間がほとんど存在しないのである。町の占い師は、「われわれがそういう役割を果たしている」と主張するかもしれないが、ポピュラーな存在として誰もが行くところでは決してない。

　いま現在、二〇〇〇年時点の日本には、すがるものは何もない。この不況で資本主義への信頼が薄らいだことは言うまでもあるまい。日本人の心は、仏教にも、神道にも、シュリンクにも頼れず、よりどころを失っている。この点は、いま最も日本社会に危惧を感じているところである。早急な措置を施す必要性はあまりにも高いのだが。

第6章 私の脱洗脳論

ここまで洗脳の構造とデプログラミングの手法について、洗脳やカルトの歴史的背景をも含め、一般の方にもわかりやすく説明してきたつもりである。しかし読者のなかには、私のような日ごろはコンピューターに向かっているだけの男が、なぜ人間心理のメカニズムについて知っていたり、デプログラミングという奇妙なことができたりするのか不思議に思われる方がいるかもしれない。この章では、私の洗脳と脱洗脳の理論の背景を説明する意味をこめて、いささか私事にわたることをお許しいただき、私のこれまでの学問的軌跡を紹介したうえで、脱会信者に対する危惧を述べて脱洗脳論のまとめとしたい。

†認知科学との出会い

私が専門とする人工知能、認知科学、機能脳科学といった学問分野は、日本ではあまり聞き慣れないかもしれないが、内容的には洗脳技術にも深い関係がある。

大学生のころから人工知能について興味を持ち、本を読みあさっていた私が、実際に現場で研究する立場に変わったのは一九八五年である。アメリカに留学してイエール大学の大学院生になった私は、人工知能研究所と認知科学研究所の研究助手になることができた。当時の認知科学研究所は、ロジャー・シャンクやロバート・アベルソン[1]など錚々たる学者の研究拠点であった。

アベルソンは無意識研究の大家である。シャンクは人工知能の父といわれ、有名な「概念依存理論」(CD理論)や、スキーマ[2]やフレームの概念を利用した「スクリプト理論」などを構築した。

アメリカに留学したのは、別に洗脳について研究したかったからではない。人工知能によって作動し言葉を喋るコンピューター、あるいは言葉を理解するコンピューターを作りたかったからである。きっかけは、私の師となったシャンクの本に出会ったことだった。いまでもその本を最初に手にしたときの感触をおぼえている。東京駅の裏にある本屋で、*The Cognitive Computer*(邦訳『考えるコンピューター』[3])という興味深い題名に惹かれて一冊の洋書を手にとったのだ。その本を開いた瞬間、アメリカに行き、学者人生をスタートさせるよう運命づけられてしまった気さえする。

シャンクは、論文関係をまとめた難解な本を定期的に出していながら、一〇年に一度ぐらい、初心者向けにわかりやすい書き方をした著作を出版している。手にした本はちょうどそんなたぐいのもので、その分野の知識が乏しい私には好都合だった。言っていることが全部、何となくわかった。その理論的バックボーンが、私が普段考えていることと似通っていたからである。

その本には、人間の心は抽象的な記述に置換することが可能である、極端に表現するなら、数学で記述することができる、という説が紹介されていた。そのパラダイムは認知科学と呼ばれている。「一＋一＝二」という数式は、「一」と「一」が「＋」という関数にかけられて「二」となる。同様に、「太郎は花子を愛している」というセンテンスは、「太郎」と「花子」が「愛している」という関数にかけられて、その答えが（たとえば）「真」である。もしくは、世界中の「太郎」のなかで、現在「花子」を愛している特定の「太郎」を選びだす部分関数が「愛している」である。

人の心を関数の集合体で表わせるということうした考え方は、関数を英語でファンクション（function）ということから、ファンクショナリズム（functionalism）と呼ばれる。ファンクショナリズムを信じる学者を、現在では認知科学者（Cognitive Scientist）と呼んでいるが、本を手にしたときはまだ、ファンクショナリズムとか認知科学という言葉の意味をよくわかっていなかった。*The Cognitive Computer* というタイトルにある「コグニティブ」という単語の持つ深い意味合いなどもちろん知らなかったし、その後、私の一五年におよぶ研究のテーマになるとも考えていなかった。

シャンクはもともと言語学者だった。私も一応言語学を専攻していたので、バックグラウンドが似ていて理解しやすかった。彼は本のなかで言葉というものを特に重要視し、人間の言葉を理解したり、要約をしたり、翻訳ができるメカニズムをわかりやすく解説していた。さらに言語をベースに知能的なメカニズムを作るプログラムについて、彼の弟子の論文も紹介していた。この本を読みおえたときものすごく感激し、もしかしたら自分も何かできるのではないかと思い、絶対にこの先生の弟子になろうと決めた。フルブライト奨学金を利用して、シャンクのお膝下であるイェール大学の大学院に留学し、専攻は希望どおりコンピューター・サイエンスに決まったのである。

実をいうと、私は大学時代、シャンクよりもチョムスキーが好きだった。ノーム・チョムスキーとロジャー・シャンクは論敵である。チョムスキーは言葉というものを数学と同様にとらえていたからである。

宇宙にはユニバーサル・グラマーという数学の定理のようなものがあり、そのパラメーターをチューニングしていくと、日本語になったり英語になったりする。だから宇宙人の言語も、ユニバーサル・グラマーの数式に置き換えることができることになる。つまり物理の方程式がそのまま言語学の方程式にもなるとチョムスキーは提唱した。言語学を抽象空間の物理学のようにとらえたのがチョムスキー派である。

ロジャー・シャンクはまったくその逆で、人間がいなければ言語は存在せず、すべての言語的体系は記憶から来ていると考えた。シャンクはＭＯＰ（Memory Organization Packet）理論、あるいは初期のスクリプト理論、その後のケース理論からＸＰ理論に至る流れのなかで、一貫して、重要なのは個人の記憶、ひとりの脳のなかに入っているあくまでもパーソナルな記憶であって、ユニバーサルなものではない、と提唱したのである。

宇宙全部に共通するユニバーサル・グラマーを唱えるチョムスキーの考えと、あるひとりの個人の記憶・体験がベースになって言語的活動が行なわれているというシャンクの発想は根本的に違うため、ふたりは同じフィールドでありながら相容れない。

私にとって不幸だったのは、博士課程二年目の年に、そのシャンクが七年に一年教員に与えられるサバティカル休暇制度を利用してパリに行ってしまったことである。サバティカルでは、国内でも国外でも好きなところで、大学の授業を教えることなく研究活動ができ、一年間給料がもらえるのだ。私は指導教授を失った上、代わりに指導することになったシャンクの弟子と全然合わなかった。イエールは私にとって急に居心地の悪い空間に変わってしまった。

†イエールからカーネギーメロンへ

カーネギーメロン大学の人工知能研究の第一人者ハイミ・カーボネル教授は、もともとシャンクの弟子であり、その意味ではイエールの先輩でもあった。教授は私の置かれている立場をよくわかってくださったし、当時その下で助教授をしていた冨田勝氏（現慶応大学教授）とも日本人同士気が合ったので、籍はイエールのまま、博士論文のネタ探しにカーネギーメロンの研究員になった。

ネタ捜しの軽い気持ちで訪れたカーネギーメロンだったが、コンピューター・サイエンスの分野では頂点ともいわれるこの大学の環境がとても気に入り、結局イエールから籍を移して、ここで研究に没頭することになった。在籍した大学院では、コンピューター・サイエンス、哲学、心理学という三つの分野がジョイントしたカリキュラムを組んでおり、哲学科がメイン・ホストになっていた。だから厳密に言うと、私はイエールの大学院はコンピューター・サイエンスが専門だったが、カーネギーメロンの大学院では、哲学を専攻していたわけである。

哲学書はいまだに現在のオフィスの本棚のほとんどを占めているが、心理学もよい論文を書くためには必要な分野だったので、発達心理学（Developmental Psychology）から、臨床心理学（Clinical Psychology）まで、目につくすべての本を読んだ。

言語学は、学部時代チョムスキー派だったのが、イエールではまったく逆の立場のシャンクの弟子、いわゆるシャンキアンになった。しかし偶然、カーネギーメロンに新しい言語学の先生がふたりやってきた。最初の年に来たのが、チョムスキーの一番弟子といわれた言語学者ティム・ストールの愛弟子ロビン・クラークである。おかげで今度は、彼のもとでチョムスキー言語学を一年間ぐらい学んだ。実におもしろくて、寝食を忘れるくらい没頭した。

その後、今度はカール・ポラードが大学に来た。カール・ポラードは言語学者ではなく、ヒューレット・パッカードの研究所にいた数学者であるが、発想のベースはまさにチョムスキー的で、言語方程式が物理学者の波動方程式と同じような意味で、宇宙を表わすものであるという説を提唱していた。

彼の理論は、Head-Driven Phrase Structure Grammar 略してＨＰＳＧ④と呼ばれている。日本にはＩＣＯＴという第五世代コンピュータを研究する政府機関があったが、それがＨＰＳＧを採用していたし、別な政府プロジェクトであるＡＴＲもＨＰＳＧを採用していた。そんなふうに日本はおろか世界中の言語学史に影響を与えたカール・ポラードに、クラークのあと一年間、直接学ぶことができたのは幸運であった。

結局、カーネギーメロンのＰｈ・Ｄを取得したのは六年後である。そのときすでに日本に戻っていて、一九九三年からは徳島大学の助教授になっていた。博士論文は日本から提出したのである。

†脳を見る

そのころ私は、年間三、四本の論文をアメリカの人工知能、認知科学関連の大きな学会に提出し、その他小さい論文を数本書いていた。つまり年間一〇本以上の論文を書いていた。中心分野は超並列処理である。それは非常に多数の計算機を同時並行に計算するための処理メカニズムの研究で、もう少しハードウェア化すれば次世代計算機の設計になり、もう少し抽象化すると、それは思考のための論理学になる。要するに多元思考的なプロセスの研究で、それに基づいて超並列コンピューターを製造すれば、人間の脳と似たようなモデルができあがるのではないかという内容だった。

当時の私は、人間の思考形態を完全にコンピューターで再現できるのではないかと考えていた。人間とはコンピューターであるという人工知能のパラダイムを信じていた。今はそこまで思っていないが、なお人間とは情報処理メカニズムであると考えている。

関数等価性の概念と呼ばれるものがある。たとえば、ｉ－Ｍａｃで「一＋一」を計算すると「二」

であり、電卓でも「一＋一＝二」で、算盤でも答えは「二」である。人間の認知が「＋」のような関数であれば、それを実際に計算するハードウェアは何であろうが同じ結果が引きだされる。とするならば、人間の認知をすべて関数レベルで解明し、プログラムに変換し、計算機で処理すれば、脳の機能と同じ人工知能を製作することが可能なはずではないか。

人間の脳と心を両方全部解明したい。そんな欲求が、学者になる以前から私のなかにずっと存在していた。それにはコンピューターを使うのが一番有効なのではないかと考えた。留学していたころ、イエールの先生たちも「人工知能は哲学者がはじめて手に入れた思考実験の道具である」と言っていた。そして哲学的実験の道具としてコンピューターを使った結果、その副産物として、工学的に人間とある程度似通った活動ができる計算機ができてしまった。

私の研究というのは、人間の記憶を細分化し再合成すると、リアルなヴァーチャル・リアリティが創出されるというものである。

このころ、ハーバード大学医学部のブルース・ローゼン教授らがFunctional MRI（ｆＭＲＩ）を使った研究をやっていた。当時ｆＭＲＩは、視覚野の研究が中心であったが、彼らとつき合いのあった私は、特に言語野を含む認知活動に新たな仮説が生みだせないかという誘いを受けたのがきっかけとなって、機能脳科学（Functional Brain Science）の研究もはじめた。

ｆＭＲＩは、それまでの核磁気共鳴画像イメージング（ＭＲＩ）が、解剖学的な脳内の状態を映しだすことしかできなかったのに対し、脳内の水素原子の毛細血管における動きを映しだすことによって、リアルタイムで、脳内で活性化した部位を局所化して映しだせる機械である。本当は、脳内の神経レベルの活性化による局所的な電気信号を直接的に映しだしたいが、この直接計測はきわめて困難である。そこで、脳神経が活性化すれば、そこへエネルギー（酸化ヘモグロビン）を供給するために、必ず、そのあたり数ミクロンの範囲の毛細血管で血流が生じることを利用して、脳内現象をモニターするようにＭＲＩに特殊な改造を施したわけである。

ｆＭＲＩ以前にも、ＰＥＴやＣＴによって局所的な活性化を観測する方法はあった。しかし、それぞれ放射性物質の投与、もしくはＸ線の被爆による生体への悪影響という問題があり、くりかえし実験を行なうことが難しかった。ｆＭＲＩは人体への影響の見られない磁気によるものなので、画期的な脳内現象の研究手法として一躍注目を浴びた。その意味で、世界の脳機能科学の本格的な研究は、ハーバード・グループのｆＭＲＩからはじまったといっても過言ではない。

カーネギーメロンでも、脳内活動の神経レベルでの情報処理や、認知科学分野でのファンクショナルなパラダイムでの心の動きに関する研究は進んでいた。それだけ認知科学というのは、カーネギーメロンにおいて非常に広い範囲にわたる分野であった。

しかしカーネギーメロンで神経回路網の数理を扱っていた時代に、記号的なレベルのプログラムでは書ききれないものがあるということがわかってきた。人間心理の記号処理化の限界を知って、パラダイム・シフトしたのである。神経回路網の数理（Neural Net）が、当時カーネギーメロンで爆発的にひろがっていた。ニューラル・ネットワークはカーネギーメロンのオリジナルで、発明したグループは、私の研究室があった同じビルの別の階に在籍していた。

より良質な論文を書くため、臨床心理学であれ多様な認知科学者の研究領域であれ、仮説の元になる学問にはすべて踏みこんで、大量なデータを集積し、それを読みこみ、仮説を立て、プログラムを書いた。記号では表わしきれないものをどうするか悩んでいたとき、ニューラル・ネットワークから、偏微分方程式で表わすひとつの方法が有効であるとの情報が得られた。その方法を試みたものの、ある程度の成果はあったが、とても満足できるものではなかった。

†変性意識の研究

徳島大学ではマグネットをまわさないでできる認知モデルの研究ということで、「変性意識研究室」を開設し、いろいろな被験者を招いて研究した。脳波計を使った。被験者を変性意識状態に導き、脳波を計り、そこで生体情報に出てくる変異を読みとるのだ。

変性意識状態に導くには、主にバイオフィードバックによる方法を用いた。スタンダードな機械としては、そのときの脳波の周波数の状態に合わせて、目の前のライトを点滅させるものがある。本人に脳波の周期がフィードバックされることによって、意識がある一定の状況に固まってくる。私が作ったのはそれを応用したもので、コンピューターのモニター上に、本人の脳波に関わるいろいろな情報を三次元グラフィックスや色の変化で表わし、それを見ていると、こちらが出してもらいたいと意図している脳波、たとえばアルファ波やシータ波が支配的な状態になるように設計してある。

その研究によって、ふたつのことがわかった。ひとつは、生体情報から脳内情報に対して、あるいは脳内情報から生体情報に対して、強力な影響を与える機械を作ることが可能であること。もうひとつは、記憶はある程度人工的に自由に合成したり、再合成したり、変えたりすることができることである。

バイオフィードバックと記憶以外に、脳波にも強い関心をいだいていた。

実は、なぜ脳に脳波があるのか、いまだに解明されていないのである。一九八〇年代に先述の北野宏明氏と共同で、人間の脳波はＦＭ変調しているのではないかという論文を書いたことがある。たとえばテレビ波というのは、あるメガヘルツの電波が、ベース・フリクエンシー（base frequency）で周波数変調され、テレビの電波として運ばれる。同じ原理でラジオのＦＭ波も運ばれている。脳波も、脳波そのものをベース・フリクエンシーとして、それで変調することで情報が伝播されているのではないかという説を、論文のなかで展開したわけだ。

とはいえ当時は、記憶に関わる研究を主に行なっており、本当は存在していない記憶を、あたかも被験者が体験したかのように感じさせる人工記憶の合成を試みていた。映画の『トータルリコール』に出てくるような話であって、トータルリコール・マシンは製作可能だという論文を書いたこともある。もう少し新しくいえば、映画の『マトリックス』の世界を実現するようなシステムを研究していたのである。

子供のころのことを想起させる退行催眠というものがある。催眠中は、実際に体験した過去の記憶を、本当にリアルなヴァーチャル・リアリティとして再現できる。その原理を利用して、部屋でいまこうして本を読んでいる記憶や、映画のなかで見た宇宙船の記憶、ナムコ・ワンダーエッグで乗った乗り物の記憶など、退行催眠として引きだされるだけのありとあらゆる記憶を、本人にわからなくなるほど細かく砕いて再合成すると、それはまったく新しい体験として本人にインプットされる。いってみれば、本来存在しない新しく合成された記憶であるにもかかわらず、本人にとってはあたかも実在した過去として、その記憶の世界へ退行するという不思議な体験の人工的な生成に成功したのである。

†オウムとの遭遇

私の現在の科学者としての立場は、機能脳科学を研究する者であると思っている。fMRIを使うことが機能脳科学というわけではないが、解剖学的な意味での唯脳論的な立場ではなく、脳内の情報処理を認知を含む機能のレベルで研究するという意味での機能(Function)であり、ファンクショナリニズムすなわち認知科学のパラダイムを基本としている。

ただし、ファンクショナリニズムを信じる認知科学者の多くは、心を含めた物事すべてを記号で記述することができると過信している。もちろん記号で、ある程度までは記述できるのだが、同時に準記号・非記号的なレベルまで含んだ意味で、脳も研究しないと完璧とはいえないだろう。また物理に近い抽象度の低い心の領域も、抽象度の高い心理レベルと同時に研究する必要がある。あたりまえのことだが、人間は、心と脳が同時に一体的に存在しているのだから。これが機能脳科学の立場である。ファンクションと脳というのは、伝統的な科学の立場では、全く相対立する概念である。両方を同時に研究するので機能脳科学と呼んでいるだけである。

機能脳科学のひとつの代表的な実験方法がｆＭＲＩを使った研究であって、一九九三年ごろはどんどん研究成果が上がり非常に面白かったが、最近はもうこの方法論も可能性の限界が見えてきた。

当時機能脳科学会というものはまだなかった。Functional Brain Mapping 直訳すると機能脳地図学会の第一回目が開かれた段階で、私も研究したが、論文はまだ仮説論文の段階にとどまっていた。

このころジャストシステムから、ｆＭＲＩを購入する予算を出すので研究所長に就任しないかという誘いがあり、私は大学教官をやめてジャストシステムに移った。しかし、会社の経営状況などさまざまな問題から、ｆＭＲＩを買うことはできず、そうでなくても日本国内にはｆＭＲＩマグネットはほとんど存在していない時代だったので、十二分な研究のできない状況が一年つづいた。

そんな折に遭遇したのが、オウム事件だった。テレビを見て「あれっ？」と思った。ディベートで目をかけていた後輩が、画面に映しだされていたからである。上祐幹部だった。私は、その洗脳状態を見て、いままで研究してきたものを生かして、それを解くことができるのではないかとふと思った。一九九五年五月だった。そんな折、日本テレビから報道番組への出演依頼が舞いこんだ。六月に収録があったのだが、出演中に信者と接触した。これは思いもよらない経験だった。

†哲学と宗教

その後オウムの脱洗脳に携わり、何人ものデプログラミングを手がけた経験からいうと、脱会した後の元信者について気になる点がいくつか見受けられる。そこで最後に、脱会後の元信者への対応の仕方とその注意点を述べておかねばならないが、その前提として私の宗教観を明らかにし、オウムを生んでしまった日本社会の現状について記述する必要があろうかと思う。

まず哲学というものについて誤解があるようなので、これを正したい。

誤解というのは、哲学とは抽象的論理の世界のみを扱うものであり、現実世界の現象や、人々の救済といったことには関係のないものとみられていることである。いってみれば一部の識者の娯楽であり、人々の日々の苦しみや喜び、さらには死の恐怖や生の喜びとは何の関係もない抽象世界での絵空事であるかのように論じられていることだ。しかし、これは必ずしも正しくない。

私が教育を受け、研究をつづけてきた哲学は、分析哲学と呼ばれるジャンルに属する。特に一九七〇年代以降、アメリカで著しい発達を遂げた分野である。日本ではあまり勉強されていないようだが、アメリカの先端的な大学ではかなりの学者が研究に携わっている。哲学は日本では文学部にある文系の学問であるが、少なくともアメリカでは、どちらかというと理系の学問であるし、数学の近接領域でもある。すでに書いたとおり私自身は哲学科より博士号を受けているけれども、博士論文は計算機科学と応用数学（離散数理と代数）の学際領域におけるものであって、知識の無から無限大までの表現論の数理モデルとその処理のアルゴリズムだった。これを哲学の枠組みで見ると、存在論（オントロジー）に数理科学的な手法を導入したものと考えることができるし、カント以降の形而上学（メタフィジックス）の枠組みにおける知識の領域の研究ということもできる。

私の何年も前の博士論文をいまさらとりあげたのは、哲学が実際の現実世界での出来事と直結していると言いたいからだ。

現代分析哲学のモデルは、一般に数学の式で表現することができる。したがって、これを算法表現（アルゴリズム）としてモデル化しプログラムすれば、実際に目に見えるものとして計算機上で実行したり利用したりすることも可能となる。だから哲学はわれわれの日々の生活から切り離された識者の遊び道具ではない。特に計算機の発見以来、この傾向は顕著である。実際、最近のパソコンに入っている仮名漢字変換のメカニズムなどは、意味表現や統語論表現などのオントロジカルなメカニズムが、実際にプログラム化されて組みこまれている。

同時に、哲学をきわめれば、宗教をきわめると同様、日々の苦しみや死の恐怖も消える。あたりまえのことながら、哲学は、宇宙の存在、生命の存在、知識の存在などを突きつめて思索するものである。本質的には宗教者の行なっていることと変わらない。哲学者が何をしているかきちんと理解すれば、僧侶の方たちにも「なるほど」とうなずいていただけるはずだと思う。

†哲学は世界を救うか

こうして哲学をバックボーンに育まれた私の宗教観自体は、オウム事件の前と後で何ら変わってはいない。しかし社会における宗教の役割については、私の考えは大きく変わらざるをえなかった。

オウム事件以前はこう考えていた。

先に述べたように、哲学を本当にきわめれば、われわれは日々の苦楽から離れ、死の恐怖を克服し、のみならず社会性豊かな生活を営むことができるだろう。哲学は自我の存在から宇宙の存在まで思索する学問なのだ。哲学にはさらに倫理学などの分野もある。普遍性ある社会性の価値判断も学ぶことができる。

もちろん宗教者も、宇宙の神秘を思索するときは同時に哲学者である。モーゼにもイスラエルの羊飼いにもシャカ神賢にも、必ず哲学者の一面があるに違いないし、彼らの弟子たちもそうだったはずである。

だが、これらの大天才たちの死後すでに二千年以上の時が経っているのだ。

もし現在の宗教者たちが、たとえばパーリ語の原典をひたすら崇め奉り、それを直訳して、文字どおりの言葉をそのまま宇宙の真理としたらどうであろうか。そのうえ釈尊は方便を用い、教えを説く相手に合わせて真理を語ったというではないか（そうした釈尊の態度を示す言葉は、「対機説法」「応病与薬」など数多くある）。時代背景や方便の本来の意味を知らず、文字面だけを読んで、いかほどの知識が得られようか。

私には多くの宗教者の行為が――オウムの行為もまさしくそうなのだが――このようなものに見えた。

宗教の哲学的な価値は、二〇〇〇年ほど前に凍結したのではないかと思った。かの空海も一一〇〇年前の人である。日蓮にしても八〇〇年経っている。また伝承の問題もある。いかに彼らが天才だったとしても、その後の弟子たちも賢かったという保証はどこにあるのか。

一方、哲学はもともと宗教から発し、そのなかで知識や物質といった宇宙の本質を思索する学問として育てられてきた。西洋で十字軍など残酷な宗教戦争が次から次へと行なわれ、東洋では——もちろん例外はあろうが——多くの寺院が権力と深く結びついて、政治団体と化し、あるいは単なる冠婚葬祭の祭儀集団となっているあいだにも、哲学の世界では多くの天才が生まれ、とどまるところなく発展をつづけた。数学と計算機科学が大きく発展した二〇世紀には、哲学は飛躍的に進歩した。この二〇年程のあいだにも、新しいパラダイムが次々と生みだされている。

そう考えをめぐらせ、宗教者と哲学者のどちらがよくものを考えているかと問うたとき、答えは必然であった。心の平安をもたらすものは、二一世紀においては、もはや宗教ではない。哲学である。これが私の結論であった。

†洗脳を演出する人々

オウムの脱洗脳を五年間手がけてみて、宗教の社会的役割に関する私の考えは、はっきりと変わった。

オウムにはまったのは、現代分析哲学の最先端の言葉を理解しようもない町のおばあちゃんではなかった。有名な大学の学生や院生たちである。理科系が多いことも特徴的だった。しかも彼らがはまったのは、現代哲学が提起しているような命題ですらない。神秘体験と称する、青森のイタコさんにでも簡単にできるような鬼神の技のたぐいにすぎなかったのだ。

オウムの称する神秘体験とやらは、単なる脳内神経伝達物質のいたずらである。町の催眠術師だってうまくやれば引き起こせるレベルの変性意識体験にすぎない。別に科学者でなくても、その程度の常識をあたりまえに受けとめられるくらいの教育レベルは、日本社会にあるだろう。そう私は考えていた。

そんな私の前提は、オウムの脱洗脳作業をはじめたときに崩れ去った。考えが甘かった。正直、日本は危ないと痛切に思った。

日本人全体に対して、「北枕は気持ちが悪い」とか「ご飯にお箸を立てるのは嫌な気分になる」とかという迷信レベルの、または、もう少し気の利いた擬似宗教レベルの洗脳のステップ1が終了しているのは確かであろう。これはもちろん日本だけではない。世界的にそうだ。おそらくは各伝統宗教が福音をひろめるため、土着の迷信的思いこみを方便として利用しようと、そのまま残してきた弊害であろう。とりわけ中途半端に宗教がひろまった地域においては、本来の意味での信仰は十分に浸透せず、人間を超える営みの存在を信じるような、いわば迷信的思いこみだけが残ってしまう。日本がまさにその中途半端な国の代表例であることが、オウムの脱洗脳を通じてわかってしまったのだ。

おまけにテレビを代表とするメディアの一部が、ありもしない心霊現象や超能力を、いかにもあるかのように演出して視聴率を稼ぐという構図がある。日本の若年層の洗脳のステップ１に大いに貢献していることは間違いない。

宗教者のいう奇跡や鬼神のたぐいの引き起こす現象が、まったくありえないと頭から否定しているわけではない。一万の現象のうち、ひとつ本物があっても構わない。私が危惧するのは、九九九九の偽物を、本物の神秘体験や心霊現象であるかのように見せかけて金を騙しとる悪徳占い師や視聴率を荒稼ぎする悪徳ディレクターのたぐいが、彼らにとっては単なる金儲けや視聴率稼ぎの軽い気持ちで行なったことであっても、白布のように簡単に染まってしまう無垢な少年少女の心に、きわめて危険なしみを残すということだ。

科学の力をオカルト的に喧伝する輩も同罪である。遺伝子をいじったり脳内情報処理を操作したりすることで、寿命が永遠になったり知能を格段に拡張したりすることがさも可能であるかのように主張し、本を書き、テレビに出演し、番組や映画を作るオカルト科学者たちの罪は重い。

私は、ディベーター仲間であった上祐幹部が、学生時代、超心理学やオカルトにはまっていたのを思いだした。

学生時代、われわれは、地上最強の知的軍団がディベーターであると信じていた。その後われわれの心をとらえたのは、人工知能を作ることだった。

いまはすでに人工知能ブームが去ったあとなのでわかりにくいかもしれないが、当時は日本ではまだ第五世代コンピューターがもてはやされる前の段階、アメリカでも人工知能ブームが全米を席巻する以前のことだ。

私は人工知能は本当に作れると信じていた。だからアメリカの大学院に進学したのである。私だけではない。当時のディベーターたちは次々と大学院で人工知能を専攻した。

これもやはり人間を超える存在にあこがれる超能力信仰の現われのひとつかもしれない。その後大学院で人工知能の限界を知り、また宇宙開発事業団で科学の限界を知ったとすれば、上祐幹部がヨーガやマントラを駆使する麻原教祖を見て超人的に思い、あこがれを持ったとしても、まるで理解できないことではない。

現在でも最先端のオカルト科学者をつづけている人間を、最低でもひとりは知っている。彼らはオウムのような殺人はそう簡単にしでかさないだろうが、科学の言葉を利用して、青少年の目をもっと巧妙に超自然的な事物へ向けさせるのに成功している。

†伝統宗教の怠慢

中途半端に宗教が広まった二〇世紀は暗黒時代であった。オウム事件がまさしくそれを証明した。さらにオカルト科学者は、二一世紀の若者に狙いを定めている。占いブームや風水ブームなどに代表されるような迷信やオカルトが一方ではびこり、また心霊現象が誇張されて、マンガやテレビや映画のテーマとなっている。その一方で、人間を超える存在（不老不死を含めて）が、科学の力で可能であるかのごとく喧伝するオカルト科学もまた、マンガやテレビや映画のテーマとなっている。

これを招いた責任の多くは、はっきりいって伝統宗教の怠慢にある。宗教組織拡大の理由からかどうかしらないが、神や悪魔や霊魂といったメッセージを必要以上にばらまくことによって善良な老若男女を脅し、恐怖心を引き起こし、彼らの良心を人質にとるような行為がなされてこなかったか反省せねばならない。第1章で、ベルリンの壁崩壊前の東ドイツの女性医師が墓場でデートをする例を出したが、宗教が根絶されたかの地では――もちろん信仰のない生活の弊害はあったとしても――迷信に青少年少女の心が人質にとられることもなかったようである。

もちろん悪魔や地獄の概念や超自然現象が、信仰心を引き起こすための伝統宗教による方便であったとしても、これらだけが心に植えつけられたのみで、本当の信仰心を引きだすのに失敗していたとしたら、これは社会的には大変迷惑な話である。私に日本国内の伝統宗教の現状がこのようなものとしてしか感じられなくなったのが、オウムの脱洗脳を経験したこの五年間である。

正直いって、釈尊のありがたいお言葉やイエス・キリストの福音が伝わらなくとも、現代哲学や近代法の精神の完全な理解をめざした教育が浸透すれば、世界は現在の暗黒時代から逃れることができると確信していた。オウム脱洗脳以前の話である。いまやそんな楽観論をとる余裕はすっかりなくなってしまった。

世界の伝統宗教が――おそらく組織の維持や個々の僧侶のサラリーマン化その他の理由があるのだろうが――、一〇〇〇年、二〇〇〇年の時を費やして何をもたらしたか。日本ではオウム事件である。

もちろん私はオウムが宗教であるなどとは思っていない。ただし、彼らが仏教徒を称し、チベット密教の教義を掲げていることは事実である。宗派仏教の先生たちは、オウムの教えなど外道の邪教であると、一言で片づけてしまうだろう。しかし、この外道の邪教を日本に許し、さらに拡大までさせたのは、伝統宗教者の怠慢のなせる技であると私は思う。

誤解を避けるためにいま一度述べるが、オウムの教えに仏教に通じるものがあるといっているわけではない。相対化など許されない不殺生の戒を破ることとさえもヴァジラヤーナで正当化するオウムに、仏と通じるところは何もない。私が言っているのは、一〇〇〇年、二〇〇〇年の時を費やして、日本人、恐らく世界中の人々にもたらした心のアンバランスである。一方で、人智を超える存在への畏怖心を信仰心へと導くためか、霊魂、霊障、怨霊などの概念を日本人の心に持ちこみ、いらぬ恐怖心を日本人の心に埋めこみ、結果的に、鬼神のたぐいの心霊現象や神秘体験なるものが超能力として若者の心をつかむような社会を生みだすに至っているにもかかわらず、本来の仏智は一〇〇〇年かけていまだ東大や京大といった大学へ進学する若者たちに伝えることさえ成功していない。一〇〇〇年かけてできないとなれば、これは怠慢としかいいようがない。このアンバランスを問題としているのだ。

オウムの脱洗脳を手がけた私のいまの率直な感想がこれなのだ。私はつくづく思うに至った。若者の心に悪魔がつけ入るアンバランスを生みだしたのは、日本の宗派教団の怠慢である。

†規範の欠如

脱洗脳を五年経験して、私は幻想を捨てた。われわれが自信をもってきわめつつある現代の先端哲学や自然科学の言葉で、二一世紀の日本を暗黒時代から救うことができるとはもう思わない。伝統宗教の怠慢は、日本人の精神性をそこまでだめにしてしまったと正直感じる。

これはオウムの構成員やシンパたちについてだけ言っているのではない。この五年間に関わってきたジャーナリスト、弁護士、医師、学者、聖職者、会社経営者、公務員らの精神性を間近に見て、そう思うのだ。

五年前まで、政府プロジェクトや大学のアカデミズムという、いわば象牙の塔に私はこもっていた。さらに成人期の多くを米国ですごした。

ことさら米国の肩を持つ気はないが、私の知るかぎり、米国の知的階級や、東大、京大にあたるような名門大学の学生は、ここまでひどくない。大統領が就任時に「ヘルプ・ミー・ゴッド」というのは国家として行きすぎではないかと思っていたが、オウム信者の脱洗脳を経験して、やはりあれでアメリカはいいのだと感じるようになった。

アメリカはキリスト教国である。霊魂や超自然的な存在を本来否定する仏教の国ではない。結果、日本以上に、日本以上に神秘主義の人質となっている。ただし日本に比べて、伝統宗教――キリスト教が、人々の心は、魂や悪魔、自然を超える神的存在が、テレビや映画のテーマになり、その意味で人々のはるかに深く社会に浸透している。そのせいか、カルト問題はもちろんあるが、日本ほどの危機感を国家レベルで感じることがない。それにもまして大人の倫理観は、この五年間で私が直接体験した日本の大人に比べてはるかに強固である。

会社での三メートル離れた部長席への出世が人生のすべて。電車で目の前に立った老人とは目を合わせたがらない日本の大人たち。このすべてを宗派仏教の怠慢のせいだという気はない。ただ、二五〇〇年前の釈尊の言葉を読み返すにつれても、こうなったらいっそ日本は、思いっきり仏教国になるほうがよいのではないかとすら思うようになったのだ。

仏教は迷信のたぐいよりもはるかに現代社会に浸透していない。僧侶が呼ばれるのは葬式のときだけだし、僧侶もそれで自分の家庭生活が安定すればよしとするように見える。祈禱師もほとんどはオカルトまがいの輩。たまに「これはなかなか」と思う人がいても、活躍の場は芸能人やスポーツ選手の縁起担ぎのためなど。祈禱を依頼するほうに、祈禱師に対する心からの尊敬心があるわけでもない。宗教までもが社会の経済機構に完全にとりこまれている。

私は、日本仏教の僧侶たちに猛省をうながしたい。彼らの長年の怠慢がなければオウム事件はありえなかったといって過言ではない。日本の教育制度で仏教教育は禁じられているとか、檀家が葬式しか寺に来ないとか、いろいろ言いわけは聞く。だったら街角に立って辻説法でもすればどうか。

私の本音をいえば、宗教なんかなくても、現代哲学は国民に心の平安をもたらす知恵を持っていると思う。ただオウム事件を経験して、そんな悠長なことをいっている場合ではない、日本は危機的状況にあると実感した。だから宗派仏教の各寺院に働いてもらいたい。

日本人すべて、いや、それ以前に仏教僧侶たち自身が、もう一度基本から仏の言葉を真摯に受けとめるべきである。

†オウム的なものの危険性

さて、デプログラミングを行なわずに日常に戻ったかに見えるオウムの元信者がいる。彼らに対して注意すべき点をいくつかあげておく。

第一に、オウムはチベット密教を教義としている。これは間違いない。少なくとも中沢新一氏の『虹の階梯』で書かれているチベット密教的な考えをベースに、現代社会において、非常識はなはだしいところまで、チベット密教の言葉を「文字どおりに」「具体的に」実践している集団である。駒澤大学短期大学の袴谷憲昭教授が、オウム真理教を「六〇年代のアメリカはヒッピー世代以降のチベット密教礼賛と結びついて、我が国においては『虹の階梯』の著者の一人である中沢新一氏を担ぎ上げて形成された、麻原彰晃を尊師（グル）と仰ぐカルト集団的運動だといえよう」（『福神』第一号「苦行と布施――オウム真理教の根本教義」袴谷憲昭著より）ととらえた。私もまったく同意見である。この教義の扱い方がポイントなのだ。

第二に、オウムの場合は、第2章で述べた洗脳に利用される三つの柱のうち、神秘体験とアンカーが重要な役割を果たしている。洗脳されたカルトのテキストを手に入れ、本人にそれを見せながら教義の誤りを指摘するのがよいと書いている脱会カウンセラーがいるが、アンカーの作用を考えると、オウムだけでなく一般的にいっても大きな誤りだ。

とにかく教義の世界と脱洗脳を切り離して対処しないと、アンカーによってカルトに戻ってしまう場合もある。だからオウムの元信者にはオウム的なものを絶対見せてはならない。仮に見てしまうと神秘体験中の変性意識に戻ってしまったり、埋めこまれた恐怖体験が湧いてくる可能性もある。そこから逃れるにはオウムしかないと感じて、オウムに戻りたいという欲求が強く湧くこともある。

こういった基本的な認識すら欠いている専門家がいることに私は不安をおぼえる。元信者が、やはり脱会した信者に、よかれと思ってたくさんのチベット密教経典を送っていたケースがある。それは単にオウムに戻る手伝いをしているにすぎない。早急に認識を改めてもらいたい。

†心の補償行為

さらに脱会信者の気持ちの問題がある。

彼らはオウムを信じて貴重な青春を捧げた。それゆえ犯罪集団だと気づいて脱会したあと、当然自分の認識の甘さを悔やむことになる。その先の彼らの態度は、私の観察したかぎり、大きくふたつにわけられる。

まず、オウムの生活すべてが無駄だったわけではないと考える人たちである。これは心の補償行為である。オウムでは徹底的にヨーガを学び、ヨーガがすばらしいものであることを知った。技術的にも向上した。だからオウムの教義やオウムという集団は悪かったが、ヨーガを集中して何年もやれたこと自体はよかった、と考える。あるいは、オウムのなかで本来のチベット密教や仏教の原典を徹底的に学ぶことができ、そのすばらしさが会得できたからそれはよかった、と納得する。

オウムにいたことは、実際問題として、人生を無駄にすごしたに違いない。しかも私にいわせれば、刑務所に一〇年間いたほうがまだましだ。しかしオウムに人生を賭けてしまった人たちは、その大きな穴を何とかして埋めたい。そのためオウム自体は悪いが、そこで学んだことは決して悪くないと思いたがるのだ。

もうひとつの心の補償行為として、逆に、オウムに対して極端に攻撃的な態度をとる場合があげられる。

これも心理のレベルでみれば、精神的不安定さに突き動かされてそうしているだけだ。平常心におけるものではない。したがって、その人の心にあとで悪い影響が出ることもありえる。また、オウム問題を心の底から憂慮して行為しているわけではないから、両親をはじめ、まわりの人々に攻撃的ないし高圧的な態度をとったりする。

こういう人も、オウムから離れたかもしれないが、本当に脱洗脳に成功しているかどうかは疑わしい。オウムにとりこまれた自分を自己批判し、距離をもって、そうなったことを自分で確認できなければ脱洗脳されたとはいいがたいのである。

後遺症に苦しむ人に対して何らかの手助けをする行為を含め、脱洗脳は本当に難しい。本人の人生そのものに関わることだからだ。生半可な気持ちではできない。特に介入的手法を用いることは、ロジャース派的手法が中心の日本では批判されることも多い。ただ批判する人は、一度でいいから本当の脱洗脳の現場に立ち会ってみてほしいと思う。薬物洗脳の後遺症で夜中じゅうのたうちまわる人間と一緒にいてみたらいい。建前だけの理想は一発で消える。

†洗脳は病気ではない

洗脳についての知識を少し補足しておこう。

洗脳状態は病気ではない。精神的な疾病の場合、ある瞬間、急に精神病が治るということは、ほとんど聞かない。鬱病患者が抗鬱剤のプロザックを飲んだり、ECTと呼ばれる側頭葉への強い電気ショックを受けたりしたとき、なぜか途端に躁になることはあるだろうが、通常、精神病の治療にはある程度の期間が必要だ。エリクソン級のスーパー名医ならば可能かもしれないので断言はできないけれども、治療中、突然治癒することはまずありえない。

脱洗脳を精神科の先生が手伝うケースが増えている。しかし、それは心のメカニズムに詳しいから扱うのであって、洗脳が精神的な病理だからではない。洗脳されている人は、正常な精神の持ち主であるのが普通である。第4章であげたUの事例でもわかるように、二日間程度のデプログラミングで普通の人に戻ってしまう。そんなはずはないと疑う人もいるかもしれないが、洗脳は病気ではないということを認識してもらえれば、何となくわかっていただけると思う。

洗脳状態とは、いわば夢を見ている状態ともいえよう。朝、眠りから目が醒めれば、頭ははっきり覚醒する。映画にたとえれば、映画の世界にはまっているのは映画館にいるときだけで、上映が終わり、映画館を出て外の街を歩きはじめれば、もう完全に自分の元の世界に戻っている。洗脳が解けたあとは、よい意味でも悪い意味でも普通の人になる。なぜ両方の意味かというと、よい意味では洗脳による影響がすべてなくなるから、悪い意味ではただの人になってしまうからである。宗教的洗脳を深く施された人というのは、ある意味で聖人的生活をするようプログラミングされたわけだが、それが解除されれば、抑えられていた煩悩がいっせいに出現する。つまり普通の人になるのである。

教団にいたころの記憶も希薄になる。夢から覚めれば夢の内容を忘れてしまうことが多いのと似ている。もちろん専門的手法によって、あとから記憶を引きだすことはできるが、本人の自覚としては、被洗脳状態のとき起きた出来事のリアリティは希薄化する。

だから一部の専門家が、反省して涙を流して「ごめんなさい」と謝りつづけることを洗脳の解けた証拠だと主張しているのは間違いである。涙を流して謝る人、謝らない人、両方いていい。過去に対してどういう説明をしていくか。社会に対してその後何をするか。それは単に本人とまわりの関わり合いの問題である。

逆にいえば、涙を流して謝っているが洗脳は解けていないケースも考えられる。オウムなら、本当に危くなったら教祖の踏み絵をしようが教祖をけなそうが何をしてもいい、という内容が、ヴァジラヤーナの教えのなかにある。だから麻原教祖を表面的に批判するとか、悔悛の情を見せるなどお手のものである。涙を流しても本当に解けたという証拠にはならない。

解けずに謝っている人は、テレビ画面を通して見ても、何となくうさん臭いものを感じる。その謝罪には、先にも述べた心の補償行為が働いているようである。

したがって「脱会しました」と法廷で明言している元信者についても、本当にそうかどうか改めて検証してみる必要がある。新聞やテレビで伝えられる彼らの証言は、それだけでは判断の基準にならない。法廷はある意味で演劇の舞台である。法廷内の発言はすべて弁護士と打合わせずみである。だから法廷という空間で涙を流そうが、麻原教祖を攻撃しようが、最初から本人の心を計ることは不可能に近い。

重要事件の容疑者として逮捕はされなかったものの証人として出廷した元信者にも、限りなくグレーな人物がいる。私は法廷外で彼を至近距離から観察したことがある。解けていないと思う。彼は頑なに外部との接触を拒否している。本当に社会復帰がしたくてオウムを辞めたのなら、オウムという教団と事件について、すべて説明できるだろう。

†洗脳への無理解

知識人の一部に、現在のオウムについて、犯罪行為など起こすような人たちではないと認識している方がいる。もはや平和な集団であり、いまさら拉致事件など起こすわけがないという認識である。一方で、オウム信者は全員麻原に深くマインド・コントロールされていただけだという人もいる。もともとの彼らは人に危害を加えるような人たちではないのに、自分では知らないまにそうされてしまった、いわばマインド・コントロールの被害者だ、という議論がいまだになされる。オウムの起こした諸事件の法廷でも、こうした議論が現実に行なわれているのである。

こういう立場をとる法廷証人たちは、彼らはマインド・コントロールされていたのだから責任能力がなかった、彼らは被害者だ、という。現在のオウム信者についても、彼らはマインド・コントロールされているのであり、もともとは平和で安全な人たちで、彼らも被害者だ、という論理になる。たとえば、法廷証人でもある社会心理学者・西田公昭氏の立場がそうである。

しかし、彼らがもともと平和で安全な人たちであったか否かを推測することはできないが、彼らが被害者だという論理はおかしい。

本質的な誤りとして、「マインド・コントロール」という呼び名で代表されるような、ある意味、概念化された現象を、オウムのような現実に行なわれている具体的かつ明確な洗脳手法と混同していることがある。西田氏の著書『マインド・コントロールとは何か』[⑤]の定義を例にとれば、マインド・コントロールは、「マインド・コントロールされている人とはいえ、ごく『ふつうの日常』にみえる環境に置かれ、目に明らかにみえるような強制的な力を何ら自覚することがないのがふつうなのである」(同書五二頁)とされるような技術である。また、「破壊的カルトのマインド・コントロールとは、他者が自らの組織の目的成就のために、本人が他者から影響を受けていることを自覚しないあいだに、一時的あるいは永続的に、個人の精神過程(認知、感情)や行動に影響を及ぼし操作する」(五七頁)社会心理学的テクニックと定義されている。

もちろん、私の立場からすれば、こういった彼ら社会心理学者たちの一部が呼ぶところの「マインド・コントロール」も、本書でいう「洗脳」のひとつにすぎないことは、すでに本書の冒頭で述べた。しかし、ここで私が問題にしたいのは、彼らのいうような意味での、本人に知られないうちに相手を人殺しにまでしてしまうような完璧なサブリミナル手法としてのマインド・コントロール技術など、誰も完成させていないし、ましてやオウムの洗脳手法はこのような定義にはまったくあてはまらず、あからさまな強制力をともなったものが多いではないかということである。

オウムサマナが生活の場としていた上九一色村のサティアンや、各都市のいわゆる道場が、「ごく『普通の日常』に見える環境」であるはずがない。数か月から場合によっては三年以上にわたって窓もない部屋に投げこまれる独房修行などが、「目に見えるような強制的な力を何ら自覚することがない」ようなものであるわけもない。概念的な「マインド・コントロール」としての技術がオウム信者に本当に施されていて、彼らが精神過程や行動に影響をおよばされていると認識することがありえず、気がついてしまったら殺人者になっていたとしたら、それは確かに「被害者」であるといえるかもしれない。しかしながら、ことオウムには、そんなことはあてはまらない。

要するに、彼らのいうオウム被害者論はまったくの的外れなのだ。「マインド・コントロール」という名で呼ばれる、相手に一切知られることがありえず、相手を完璧なサブリミナル手法でコントロールするような手法が現実に存在し、さらにそれをオウムは信者に対して行なっていた、したがって、オウム信者は被害者であり、当然オウムの犯罪者も法的責任はないとする論理は、根本的に誤っており、社会的にきわめて危険である。このような論理が日本の法廷でまじめに議論されていること自体、危惧をおぼえずにはいられない。

法的には、いわゆるマインド・コントロールは責任能力の問題とされている。しかし実際は知識の問題といえる。オウムの犯罪者たちが、オウムが凶悪な犯罪集団であると、何らかの判断能力を持っていた状況下で、まったく気がつかなかったのかという問題だ。

一部のマインド・コントロールの専門家と称する人々が、法廷に出廷して次のような論理を展開する。彼らはマインド・コントロールの技術で、教祖に疑いを持つことが非常に困難な状況におかれ、あらがうことができない影響力で殺人などを起こしてしまったのであって、彼らに責任能力はなかった――。

確かにオウムの洗脳は強力だ。ほうっておいて解けるような代物ではない。普通のカウンセラーが脱洗脳するのはきわめて難しい。だからといって、洗脳されていく過程において、オウムが凶悪集団であると全然気づくことなしに、殺人まで行なってしまったということはありえない。元信者の脱洗脳経験やさまざまなオウムとの対決で私が認識したのは、そんなことはないということだ。

オウム信者は、たとえば独房修行と称して監禁され、明らかに反社会的なグルイズムをベースとした教義を、きわめて初期の段階から学ぶ。段階を経て、最終的には人殺しまでしてしまうレベルに洗脳されてしまうにしても、その途中の数年間の過程では、何度もオウムの凶悪性やオウムの教義の問題を認識する機会がある。実際、その時点でオウムを脱走した者もいる。

信者が脱走せずにオウムにとどまっている理由。それはたとえば、ステージが上がっていい思いができるとか、神秘体験の快感がすごいとか、性的な欲求が満たされるとかいう何らかの「報酬」と、オウムの洗脳修行の「苦しみ」を天秤にかけて、あえてオウムに残っているにすぎない。オウムの犯罪性に気づくチャンスは何度も与えられてるのに、教義がどうとか神秘体験がどうという理由であえて目をつぶり、オウムに残っているのである。

特に、神秘体験と称する変性意識体験の快感にとらわれているオウム信者はきわめて多い。ドラッグ中毒といってもいい。その意味では、あえて洗脳されたい人々の集まりがオウムなのである。

洗脳におけるドラッグの快感と性的な快感の報酬欲しさにオウムに残り、あげくのはてに人を殺したり拉致したりするまでに至ったオウム信者を、「被害者」とする論理を成り立たせるべきではない。

オウムの洗脳には、あからさまな拘束や暴力を伴うものもある。主観的にも客観的にもはっきりわかる。気がつかずにやられていた、などというものではない。何度も気がつく機会があったのに、神秘体験の快感にとらわれ、犯罪的行為の報酬として与えられるオウム内での階級と、その結果与えられる権力の快感にとらわれ、もしくは現世の現実から逃避したくて、あえて犯罪集団にとどまっていた。そういうことだ。

†洗脳から日本を守れるか

カルトにまつわる心の問題は非常に深い。まだまだ言い足りない気もする。それでも基本的な「洗脳」という概念や、「脱洗脳」の方法論などは、本書を読んでご理解いただけたのではないかと思う。

最近、オウムだけではなく、その他のカルトやセミナー団体も次々と問題を起こしている。そのとき必ず誰もが疑問に思う、――なぜあそこまで、あんなばかげた集団にはまってしまったのか。

その答えは、洗脳手法が簡単にカルト集団の手に入るようになってしまったからである。

人間は本質的に誰でも洗脳から逃れられない。人間として誰でも持っている性質、情報空間にまでひろがるホメオスタシスの能力によるからだ。これは本書の冒頭で説明した。

洗脳されるかどうかは、その人が洗脳されやすいかどうかによるのではない。洗脳者側の技術がいかに進んでいるか、用いられた技術が生得的にその人に有効であるものかどうかにかかる。特に、最近の洗脳手法は、ますます有効性のある相手の範囲をひろげつつある。その意味で、二一世紀の日本人全員が、洗脳される側にまわる危機にある。⑥

本書がそのような危険から読者を守る知識を十分に提供できていることを強く願う。

注

序

(1)フランスなどではカルトは「セクト」と呼ばれているが、日本では政治的な集団を指すため、この本のなかでは「カルト」という用語を使う。なお、フランスのカルト事情については、竹下節子『カルトか宗教か』文春新書、一九九九年が詳しく、わかりやすい。

第1章

(1)Edward Hunter, *Brain-Washing in Red China.*（エドワード・ハンター『洗脳――中共の心理戦争を解剖する』福田実訳、法政大学出版局、一九五三年）。"ブレイン・ウォッシング"という言葉自体がハンターの造語であり、一九五〇年に『マイアミ・デイリー・ニュース』紙に掲載された彼自身の記事のなかではじめて用いられた。

(2)二澤雅喜、島田裕己『洗脳体験』宝島社、一九九一年、および塩谷智美『マインド・レイプ――自己啓発セミナーの危険な素顔』三一書房、一九九七年を参照。

(3)Anand, B.K., Chhina, G.S., & Singh, B., "Some aspects of electroencephalographic studies in Yogis", *Electroencephalography and Clinical Neurophysiology* 13, 452 (1961).

(4)Hardt, J.V., "Effects of relaxation during respiration feedback, Yogic breathing, and alpha EEG feedback", *Proceedings, Biofeedback Research Society, Monterey, California*, Vol. 6, February, 1975b.

(5)チュウ（切断）の瞑想＝観想の力をかりて自分の身体を供物に捧げた、チュウパと呼ばれた密教行者たちによって広められた修行法。最も大切なものだと考えて執着している体の部分を捧げる（中沢新一、ラマ・ケツン・サンポ『改稿 虹の階梯』中公文庫、一九九三年を参照）。

(6)ロバート・B・チャルディーニは著書『影響力の武器』（誠信書房、一九九一年）のなかで、与えられた恩恵に対して無意識に恩義を感じ、更に謝礼を払おうとしてしまう心の動きを「返報性」という言葉で説明した。まさにグルの超能力で神秘体験を得たと認識すれば、その素晴らしさに匹敵する帰依が返報されるのである。

(7)苫米地英人「サイバーVRマルチモーダルシステム――自然言語・仮想現実・生体情報の融合」徳島大学工学部研究報告第三九号、一九九四年。

(8)「ヨハネによる福音書」第一章、『聖書』(新共同訳)共同訳聖書実行委員会訳、日本聖書協会、一九八八年。

(9)現代科学は、光が全ての生命エネルギーの根源であるメカニズムを解明している。植物が光合成で光から電流(電子の移動)を引き起こしてエネルギーを取り出すしくみは、葉緑体内の光合成膜を介した電子の流れにより、ATP合成酵素、電子伝達タンパク質、光合成タンパク質が作用してエネルギー貯蔵物質であるATP(アデノシン三リン酸)の生成により行なわれているメカニズムによるものであることが最近解明されている。例えば、垣谷俊昭『光・物質・生命と反応』上・下、丸善、一九九八年に詳細がある。

(10)アンカーとは、ある特定の体験を想起させるような言語的あるいは非言語的な合図や連想を指す、アンカーリング(anchoring)とも言う。もともと、ミルトン・エリクソン派の用語である。Michael D. Yapko, *TRANCEWORK An Introduction to the Practice of Clinical Hypnosis*, Bruner/Mazel 1990 等に技法の詳細がある。

(11)マデリン・ランドー・トバイアス、ジャンジャ・ラリック『自由への脱出――カルトのすべてとマインドコントロールからの開放と回復』南暁子、上牧弥生訳、中央アート出版社、一九九八年。

(12)苫米地英人「サイバーホメオスタシス仮説――マルチモーダリティーの臨場感パラダイム」『統合とマルチモーダリティー』ワークショップ論文、一九九四年。

(13)ホメオスタシス(homeostasis)= homoeo(類似)と stasis(持続)というギリシア語が語源。生体恒常性のこと。つまり外部環境の変化に対し、内部の環境を一定に保つ働きのことで、一九三二年にアメリカの生理学者、W・B・キャノン(W.B.Cannon)が提唱した。例えば、ストレスに対し人間がホルモンを分泌する防御反応などが挙げられる。

(14)Kripke, S., *Naming and Necessity*.(S・クリプキ『名指しと必然性』八木沢敬、野家啓一訳、産業図書、一九八五年)

(15)ヒンティカ= Hintikka, J., *Knowledge and Belief*. Cornell University Press, 1962, "Semantics for prepositional attitudes", L.Linsky (ed.) *Reference and Modality*, Oxford University Press, 1971 等を参照。

(16)フッサール= Husserl, *Zur Phänomenologie des inneren Zeitbewusstseins (1893-1917)*. [*The phenomenology of internal time-*

consciousness (1893-1917).] Rudolf Boehm (ed.). The Hague, Netherlands: Martinus Nijhoff, 1969（この英訳に *On the Phenomenology of the Consciousness of Internal Time (1893-1917).* Translated by J.S. Churchill and edited by Martin Heidegger. Indiana University Press, 1964 ならびに *On the Phenomenology of the Consciousness of Internal Time (1893-1917).* Translated by John Barnett Brough and edited by Martin Heidegger. Collected Works: Volume 4. Kluwer Academic Publishers, 1991）を参照。

(17) ウィトゲンシュタイン＝Wittgenstein, L., *Philosophische Untersuchungen.*（『哲学探究』ウィトゲンシュタイン全集8、藤本隆志訳、大修館書店、一九七六年）等を参照。

(18) フレーゲ＝Frege,G. "Über Sinn und Bedeutung",（英訳は "On sense and nominatum", H. Feigl & W. Sellars,(eds.) *Readings in Philosophical Analysis*, New York: Appleton-Century-Crofts 1949, pp.85-102）等を参照。

(19) ムーア＝Moore.R.C., "Reasoning about knowledge and action", *Artificial Intelligence Center Technical Note 191*, SRI International 1980 等を参照。

(20) ところが、最近オウムが信者勧誘のためにロックバンドを主催している。オウムの教義上は地獄の沙汰である。これこそ、まさにオウムが、今がヴァジラヤーナの時代であるとしていることの証明である。ヴァジラヤーナにおいては、殺人を含めて、目的のためには、たとえ地獄のカルマを積むようなことをしても許されるというのが、オウムの教えなのである。

(21) サブリミナル手法は、視点の外れた場所に情報を書きこんだり、非常に短い時間だけ画像を呈示したりすることにより、潜在意識に訴えかける手法であるが、一九九五年時点で、私自身がオウムのビデオを任意に五本選んで検証したところ、三〇分の一秒や六〇分の一秒の短い時間画像をさしこんだ箇所が四〇か所、不自然な画像加工がなされていた箇所が四か所確認された。これら五本のビデオのうち四本は、当時一般の書店で販売されていたものである。日本においては、サブリミナル効果がまったくないと誤解している学者も多いようだが、米国における心理物理実験では、サブリミナル手法のある程度の効果は確認されている。これについては、米国で長年研究をつづけている下條信輔氏の『サブリミナル・マインド――潜在的人間観のゆくえ』（中公新書）が詳しい。

(22) フロイト派の用語では、トラウマ（心的外傷。注(24)を参照）が、心の防御機能（防衛機制）により、思い出せないほどの意識下に追いやられることを「抑圧」

と呼んでいる。抑圧理論はフロイト（Freud.S.）自身がフロイト派精神分析の本質として扱っているものである。フロイトは論文「抑圧」（フロイト『自我論・不安本能論』フロイト著作集6、井村恒郎、小此木啓吾他訳、人文書院、一九七〇年所収）でこれを理論化し、「無意識」と「前意識」（意識）の体系の境にある表象について行なわれる過程であるとしている（フロイト「無意識について」『自我論・不安本能論』も参照）。

(23)フロイト「無意識について」（『自我論・不安本能論』フロイト著作集6、井村恒郎、小此木啓吾他訳、人文書院、一九七〇年所収）を参照。

(24)トラウマ（trauma）＝心的外傷。激しいショックや強烈な事件によって、心的組織が混乱したり、自我が傷つけられた状態。フロイトは、患者がトラウマとなった出来事を思い出し、語り尽くし、感情を発散すれば、症状が消えることを発見した。

(25)上田紀行「人は皆『洗脳』されている」『読売新聞』一九九八年一〇月八日夕刊。この寄稿記事において上田氏は、文化化、社会化、教育といったものと洗脳は基本的に同義であり、人はもともとみな洗脳されているという自論を展開している。

(26)エヴァンゲリオン＝「新世紀エヴァンゲリオン」が、平成七年一〇月から平成八年三月にかけてテレビ東京で放映されたことによりブームに火がついた。その後映画化され、そのストーリーの解釈や結末を解く攻略本が多数出版される。

第2章

(1)手塚治虫『ブッダ』潮ビジュアル文庫、潮出版、一九九二年。

(2)Steven Hassan, *Combatting CULT MIND CONTROL.*（スティーヴン・ハッサン『マインド・コントロールの恐怖』浅見定雄訳、恒友出版、一九九三年）

(3)中沢新一、ラマ・ケツン・サンポ『改稿 虹の階梯』中公文庫、一九九三年。

(4)ミルトン・H・エリクソン（Milton. H. Erickson 1901-1980）。ウィスコンシン大学医学部博士課程修了。アメリカ臨床催眠学会創設会長、アメリカ心理学会、アメリカ精神医学会の生涯特別会員。催眠療法と短期の介入的心理療法（brief strategic psychotherapy）の世界的第一人者。一四〇以上の催眠に関する学術論文を書く。

共著に『催眠体験——意識の変化状態への治療的アプローチ』(*Hypnotic Experience: Therapeutic Approaches to Altered States*)、『催眠療法——探索的事例集』（*Hypnotherapy: An*

Exploratory Casebook)、『催眠における現実』(*Hypnotic Realities*)、『医学と歯科催眠の実際的応用』(*Practical Appications of Medical and Dental Hypnosis*)、『催眠における時間歪曲』(*Time Distortion in Hypnosis*) など。弟子が記録した臨床例をまとめたものとして、ミルトン・エリクソン述、ジェフリー・K・ゼイク編『ミルトン・エリクソンの心理療法セミナー』(*Teaching Seminar with Milton H.Erickson*) 宮田敬一訳、成瀬悟策監訳、星和書店、一九八四年。ジェフリー・K・ザイク『ミルトン・エリクソンの心理療法——出会い三日間』(*Experiencing Erickson: An Introduction to the Man and His Work*) 中野善行、青木省三監訳、二瓶社、一九九三年刊。最近の研究書では、ウイリアム・ハドソン・オハンロン『ミルトン・エリクソン入門』(*TAPROOTS: Underlying Principles of Milton Erickson's Therapy and Hypnosis*) 森俊夫、菊池安希子訳、金剛出版、一九九五年がある。

エリクソンは以前にかかったポリオの後遺症のため、一九六七年以来、車椅子の生活だった。また色覚障害があり、紫だけは判別できたため、紫色の贈物をもらうと喜んだという。

(5)前出の『洗脳体験』(第1章注(2)参照)では宗教学者の島田裕己氏も洗脳そのものがイニシエーションの一種であると主張している。これは、イニシエーションのない洗脳はないという主張と同義であると考える。

(6)前出の塩谷智美氏の『マインド・レイプ』には、「シェアする」「コミットする」「ブレークスルー」「ダイアード」「グラウンドルール」「ダイヤモンド」「エンロール」などといったセミナー用語があげられている。

(7)前出 *Naming and Necessity*(『名指しと必然性』)参照。

(8)第1章で引用した「サイバーホメオスタシス仮説」並びに「サイバーVRマルチモーダルシステム」論文を参照。

(9)実際は、正確ではなかったり、場合によっては誘導的に記憶を変形させうる可能性もふたつの論文で考証している。

(10)ミンスキー=Marvin Minsky, "A Framework for Representing Knowledge," P.H.Winston(ed.), *Psychology for Computer Vision*, McGraw-Hill, 1975 ならびに *The Society of Mind*, Simon and Schuster, 1985 を参照。

(11)素性構造による概念表現においては、さらに情報内容の大小関係による包摂半順序の亜束を定義し、この亜束上における情報内容の遺伝関係として形式化される。同様に、属性と値の関係は、それぞれの当該素性構造が、属性から値への部分関数となる関係として形式化可能である。

(12)シャンク＝Roger C. Schank, *Scripts, Plans, Goals and Understanding*. Lawrence Erlbaum Associates, 1977.

(13)Norman, D.A., *Memory and Attention: An introduction to human information processing*, 2nd ed., Wiley, 1976 ならびに Norman D.A. and Bobrow, D.G., *Descriptions: An intermediate state in memory retrieval*, Cognitive Psychology, 1979, Vol. 11. 等。

(14)Andreas S. and Andreas, C.(eds.), *ReFraming Neuro-Linguistic Programming and the Transformation of Meaning*, Real People Press, 1982.

(15)前出 *ReFraming* 参照。

(16)形式的には、素性構造の変更により部分関数の写像が変わることにあたる。

(17)Richard Bandler and John Grinder, *Frogs into Princes: Neuro Linguistics Programming*. Steve Andreas(ed.), Real People Press, 1979.

(18)前出 *ReFraming* 参照。

(19)"Über Gestatltheorie", address before the Kant Society, Berlin, December 7th, 1924, Erlangen 1925. In the translation by Willis D. Ellis, *Source Book of Gestalt Psychology*, Narcourt, Brace, 1938.

(20)"Perception: An Introduction to Gestalt-Theorie", *Psychological Bulletin*, 19, 1922.

(21)Köhler, Wolfgang, *Gestalt Psychology*. Mentor Books, 1947.

(22)Fritz Perls, Ralph E. Hefferline and Paul Goodman, *Gestalt Therapy*, 1951.

(23)エサレン・インスティチュート (Esalen Institute) ＝エサレン研究所。カリフォルニア州ビッグ・サーにある、ゲシュタルト療法など多様な心理療法を用いたセミナーやセラピーを研究、実践する施設。スタンフォード大学の同級生、マーフィーとプライスによって、一九六〇年代に発足した。

(24)Mary Henle, "Gestalt Psychology and Gestalt Therapy," Presidential Address to Division 24 at American Psychological Association, Chicago, September 1975.

(25)第1章注(2)参照。「マインド・レイプ」とは、密閉された自己啓発セミナー中の空間において、集団催眠状態に陥った会員に対し、トレーナーが精神的苦痛を伴う過剰なまでの罵声を浴びせたり、無理に過去の体験を大勢の前で告白させること。そのことによって、本人が精神のバランスを崩してしまうケースが多く発生した。アメリカのある女性はセミナーでレイプ体験を告白したことで精神病になり、家族がセミナー会社を相手どり損害賠償を求める裁判を起こした。

(26)カーリン・スターダンサー『解離障害から立ち直る法——再プログラミング』(Carlyn StarDancer, *Recovery Skills for the dissociatively Disabled: Reprogramming*)における対解離障害のワークシートが前出の『自由への脱出』に引用されている。同書では、トリガー解除のワークシートとして引用されているが、これは、何らかのメッセージがトリガーとして、意識の解離が起きることから、このトリガーのもととなるアンカーを無力化するためのワークシートとして位置付けられている。

(27)Tad James and Wyatt Woodsmall, *Time Line Therapy and the Basis of Personality.* Meta Publications, 1988.

(28)成瀬悟策(1924-)=東京文理科大学心理学科卒業。現九州大学名誉教授。日本リハビリテーション心理学会理事長。臨床心理士。催眠技能士。臨床催眠ディプロマ(アメリカ)。医学博士。著書は『催眠』誠信書房、一九六〇年、『自己催眠』(J・H・シュルツとの共著)誠信書房、一九六三年、『催眠面接法』誠信書房、一九六八年、『自己コントロール』講談社現代新書、一九六九年。『教育催眠学』誠信書房、一九八二年、『自己コントロール法』誠信書房、一九八八年、*Imagery and Human Motor Action*, Kyushu University Press, 1988.『臨床動作学基礎』講座・臨床動作学1、学苑社、一九九五年、『催眠の科学』講談社ブルーバックス、一九九七年など多数。

(29)最相葉月『絶対音感』小学館、一九九八年。

(30)エックスカウンセラー(ex-counselor)=exit counselor つまり脱会カウンセラーの略称。脱会経験を持つ元カルトメンバーや、心理学の知識を持つ人が多い。前出『マインド・レイプ』参照。

第3章

(1)NDT対CEDAを扱った映画に、*Listen to Me* というハリウッド映画があった。

(2)D.R. Swanson and R.F. Zeuchner, *Participating in College Forensics.* Dubuque, IA. Gorsuch Scarisbrick, 1983.

(3)R.J. Matlon and L.M. Keele, "A Survey of Participants in the National Debate Tournament, 1947-1980," *Journal of the American Forensic Association* 20, 1984.

(4)さらに、ハーバードやダートマスといった強豪校に奨学金で入った人や、それ以外の強い大学チームに所属してNDTでベスト4ぐらいの成績をあげたり、トップスピーカーになったなかで、一年に二人ないし三人が、ハーバード級の大学院、ロースクールに授業料免除で行ける。ただし入学前の一定期間、後輩の指導にあたるディベート界への奉仕活動が条件となることがあるようだ。例えば、私がマサチューセッツ大学でNDTチームにいた時のディベートコーチは、一九八一年のNDTトップスピーカーだったケンタッキー大学(University of Kentucky)のジェフ・ジョーンズ(Jeff Jones)だった。また、ダートマス・カレッジ(Dartmouth College)のレニー・ゲイル(Lenny Gail 一九八四年度トップスピーカーならびにチーム優勝)も、こういったプログラムで来日している。

(5)全国優勝するとTomabechi杯という持ちまわりの優勝カップがもらえたのである。

(6)『ムー』=学習研究社発行の、オカルトや超能力を主に扱った雑誌。

(7)アリストテレス『霊魂論』アリストテレス全集6、山本光雄訳、岩波書店、一九六八年。

(8)トマス・アクィナス『神学大全』第六巻、大鹿一正訳、創文社、一九六一年。

(9)ちなみに一九九九年時点で、歴代のNDT出場回数の多い大学トップ・テンは、一位が、University of Kansas で、それに、University of Southern California, Harvard University, Dartmouth College, Northwestern University, Augustana College, Baylor University, Georgetown University, Wake Forest University, University of Redlands とつづく。そのほかに、Boston College, Emory, Georgia, Iowa, Kentucky, Louisville, Massachusetts, Michigan, North Carolina, Pitsburgh, Texas, Utah 等の各校がNDTで活躍しており、NDTディベートを体験したい読者にはこれらの大学への留学を薦める。

(10)北岡俊明『実践編・ディベートの技術』PHP研究所、一九九七年。同『韓国とディベートする』総合法令、一九九六年。

(11)高井章博『世界』三月号、岩波書店、一九九七年。

第4章

(1)ペーシング(pacing)=エリクソン派の技術で、被験者の内部表現システムの性向に合わせて、外部からのフィードバックを行ない、内部表現への介入を行ないやすくすること。J・グラインダーとR・バンドラーによれば、音声的ペーシング(Verbal Pacing)として、被験者の感じているに違いない状況を、「椅子に座っていますね」「本を読んでいますね」などと声に出して伝える方法と、非音声的ペーシング(Nonverbal Pacing) として、被験者の呼吸や瞬きの速度に自らの速度を合わせる方法が記述されている (John Grinder and Richard Bandler (ed.), *Connirae Anreas TRANCE-formations.* Real People Press, 1981)。

(2)オーバーロードの概念＝これもエリクソン派の概念で、許容範囲を超える情報処理を行なうと変性意識が自然に生成されてしまうことを利用した技術。前出の *Connirae Anreas TRANCE-formation* では、人差し指、薬指などと言いながら、順番に指を触りながら触る指をわざと間違える方法などが記述されている。

(3)この話題は、一九九六年当時、実際にUと行なった会話に基づいているものだ。著述としては、例えば、千葉大学の永井均教授が『春秋』一九九九年一〇月号で同様なパターンの思考実験による問いかけをしている。インテンショナリティの立場からの論文ではなく、記憶や想起の持つ実在の構成機能をベースとした問いかけで、死の恐怖の本質を扱った論文であるが、「魂の輪廻」の概念には同様に適用できる問いかけであると考える。

(4)タイムライン・セラピー＝介入的な臨床心理手法のひとつで、ブリーフセラピーのひとつにも数えられる方法論である。内部表現上の時間軸上でのイメージ操作をすることにより強烈な変性意識を生成し、内部表現の書き換えや感情の切り離しを行なうことにより介入的な心理臨床を施すエリクソン派の手法である。Tod James and Wyatt Woodsmall, *Timeline Therapy and the Basis of Personality.* Meta Publications, 1988 に詳しい。

(5)リーディング (leading) ＝ペーシングと同時に利用されるエリクソン派の手法。「椅子に座っていますね」「本を読んでいますね」「鼻の頭が視界に入っていますね」といったペーシングの言葉に合わせて、「そうしていると、だんだんリラックスしてきました」「お尻がむずむずしてきました」「眠たくなってきました」などと変性意識状態を促したり、さらにペーシングを深めたりする言葉をつづけて、ペーシングによってとらえた内部表現に対し、介入的な操作を行ないやすくすること。

(6)青山圭秀『真実のサイババ』三五館、一九九四年。

(7)例えば Robert B. Dilts, *Application of Neuro-Linguistic Programming.* Meta Publications, 1983 を参照。この著作では、パールズとミルトン・エリクソンの影響を強く受けたエリクソンの弟子たちが行なっている神経言語プログラミング（NLP）の技術を利用した、ビジネス・コミュニケーションにおいて無意識の操作を利用するテクニックを紹介している。商談のとき、自己の表現システムをいかにうまく使うか、例えば目の動き、言葉のペーシング、どういう動詞を使えば体感的な感覚に繋がるかといった表現戦略が、成功のポイントとされる。

(8)「PSYCHIC TRANSFORMATION: 麻原彰晃 vs 荒俣宏、サイキック対談、人はなぜ現世を超えるのか」『03』一九九一年六月号。

(9)『洗脳されたい! マインド・コントロール社会・その破滅のシナリオ!』「別冊宝島」三〇四、宝島社、一九九七年。

第5章

(1)米国のカルト問題の研究・教育で中心的な活動をしている非営利団体のひとつAFFの調べによる。

(2)エドワード・ハンター『ほとんど誰でも——精神の謀殺』村石利夫訳、国際文化研究所、一九五六年。他に、中国新聞人が中国共産党に受けた洗脳の記録を綴った、周楡瑞『洗脳の記録』(*A MAN MUST CHOOSE*)井上勇訳、時事通信社、一九六四年がある。

(3)D・O・ヘッブ(Donald Olding Hebb 1904-1985)＝ハーバード大学Ph・D取得。一九六一年アメリカ心理学会の「顕著なる科学的貢献を称える賞」受賞。著作に、『行動の機構』(*The Organization of Behavior.* Wiley, 1949)白井常訳、岩波書店、一九五七年刊、『行動学入門』(*Textbook of Psychology*)紀伊國屋書店、一九七〇年刊、『心について』(*Essay on Mind*)紀伊國屋書店、一九八七年など。

(4)ヘッブは前出『行動の機構』において、ふたつの神経が同時に発火した場合に、両神経間のコネクションが強化されるというモデルを提唱した。これをベースにした人工神経回路網の学習モデルとして、二つの人工神経間のコネクションの重みを、双方の活性化量の積に比例して増加もしくは減少させるという学習ルールをヘビアン学習ルール(Hebbian Learning Rule)と読んでいる。

これについては、ニューラルネット研究の初期において、コネクショニスト(もしくはPDP)という人工ニューラルネットのパラダイムを最初に定義したD.E. Rumelhart and J.L. McClelland, *Parallel distributed processing: Explorations in the microstructures of cognition, Vol. 1: Foundations,* MIT Press, 1986 が詳しい。

(5)感覚遮断(sensory deprivation)＝身体の内外からの感覚刺激を、極度に減らした状態。個体の発達の初期において、必要な感覚刺激が遮断された場合、知覚や学習の発達が阻害されることを、ヘッブは実験によって明らかにした。

（6）Harvey M. Weinstein, *Psychiatry and the CIA: Victims of Mind Control*. American Psychiatric Press, 1990.

（7）前出 *Applications of NLP*

（8）帰還兵たちの心理的後遺症の追跡調査報告書がベースとなり、ＰＴＳＤという言葉が、米国の精神科医が症例判断の基準として使用する米国精神医学会の『精神障害診断統計マニュアル』第3版（*Diagnostic and Statistical Manual of Mental Disorders*, Third Edition (DSM-III), American Psychiatric Association）に記載されたのである。

（9）ブリーフ・セラピー（Brief psychotherapy）＝フロイト派の一年以上に渡る長期的なカウンセリング方法に対する、短期的な心理療法。カール・ロジャースの非指示的な患者へのアプローチと違い、エリクソンは指示的立場をとったため、特に短期の介入的心理療法（Brief strategic psychotherapy）と呼ばれる（William J. Matthews and John Edgette (eds.), *Current Thinking and Research in Brief Therapy Solutions, Strategies, Narratives*, Volume 1. Brunner/Mazel 1997 ならびに Stephen Bisbey and Lori Beth Bisbey, *Brief Therapy for Post-Traumatic Stress Disorder: Traumatic Incident Reduction and Related Techniques*. John Wiley & Son, 1998 を参照）。

（10）洗脳薬としてのＬＳＤ＝テレンス・マッケナ『神神の糧（ドラッグ）』小山田義文、中村功訳、第三書館、一九九三年、および、マーティン・Ａ・リー、ブルース・シュレイン『アシッド・ドリームズ』越智道雄訳、第三書館、一九九二年等を参照。

（11）当時のニューエイジ・カルチャー、エサレン・インスティチュートの役割、ＬＳＤなどといった話題は、ジョン・リリーの著作物が詳しい。例えば、ジョン・Ｃ・リリー『意識（サイクロン）の中心』菅靖彦訳、平河出版社、一九九一年等を参照。

第6章

（1）シャンク（R. Schank）とアベルソン（R. Abelson）＝ふたりの学者は「スクリプト」という概念を確立した。スクリプトとは、特定の活動について、そこに含まれる事象や行為が、生起する順に系列化され、スロットを埋めるような形で表象される構造のこと。日常的でステレオタイプな出来事を理解する際、活用される。例えば、散髪（洗髪—カット—乾燥）。

（2）スキーマ（schema）＝外界の事象を知覚し、理解し、記憶する際の枠組となる、構造化された知識の集合のこと。この概念を最初に心理学に取り入れたのは、バートレット（F.C. Bartlett）である。一九七〇年代頃から人工知能の研究に刺激され、知覚や言語処理におけるスキーマの役割がさかんに研究されるようになった。ただし学問分野により、スクリプト、フレームといった異なった呼称で呼ばれている。

(3) Roger C. Schank, *The Cognitive Computer*.（R・C・シャンク『考えるコンピュータ――人の脳に近づく機械』淵一博監修、石崎俊訳、ダイヤモンド社、一九八五年）。

(4) Carl Pollard and Ivan A. Sag, *Head-Driven Phrase Structure Grammar*. Stanford: Center for the Study of Language and Information (distributed by the University of Chicago Press).

(5) 西田公昭『マインド・コントロールとは何か』紀伊國屋書店、一九九五年。

(6) 日本人の精神性と洗脳について、オウムを例にとりながら、洗脳の研究で知られるロバート・リフトン教授が、Robert J. Lifton, *Destroying the World to Save It*. Metropolitan Books, 1999で考察をしている。欧米ではじめてのオウムの「研究書」になる。一読に値いするものの、日本の洗脳の現状やオウムに関わる事実関係や分析については、首を傾げざるをえない部分もある。日本人の精神性とオウムの特殊性との関連について、グローバルに理解されることは難しいかもしれない。また、欧米においては、オウムに関する事実関係の把握も難しかったのかもしれない。

あとがき

本書の執筆の時点で、オウムの脱洗脳と関わって約五年経った。本書の冒頭で述べたように、具体的な脱洗脳の手法を明かすことによる悪用の可能性などの危険性と、社会に洗脳のメカニズムを解説し防護策をうながす必要性を秤にかけて、開示すべきタイミングが来たと私は判断した。本書の性格上、具体的事例はオウムのみとなっているが、それでも理論化されたモデルは一般的なものになっているはずだ。また、オウムの場合、過去に利用されたあらゆる洗脳手法を複合的に利用しているので、実際の事例も汎用性があると考えている。背景にあるメカニズムについても一般化して説明したつもりである。私の経験からいっても、本書は、洗脳のメカニズムとそのデプログラムについて必要な事項は網羅していると思う。もしそうであれば、本書の役割のひとつは果たせたといえよう。

本書の執筆は、日本テレビ報道局との一九九五年以来の協力関係がなければありえなかった。次に、評論家の宮崎哲弥氏には貴重な助言をいただいた。塩谷智美氏の協力にも謝意を表したい。織田隆深先生からは貴重な教えを授かった。さらに、九州大学名誉教授の成瀬悟策先生との出会いがなければ、変性意識と洗脳の関係を深く追求することはなかったと思う。また、私がオウム問題に関わりはじめた一九九五年当時ハーバード大学の医学部長であったダニエル・トステソン教授（Prof. Daniel C. Tosteson）には、ハーバード大学の医学部長室や（教授の来日時に）都内のホテルでお会いしたときなど、「君はフロイトが経験したこと以上の経験をしているんだよ。その経験を記録として学会と後世に残す義務が君にはある」と、厳しい状況下で励ましのお言葉をいただいた。あの励ましがなければ、私はすべてをあきらめ、日本を去っていたと思う。

私の本業は学者である。さらに会社の社長も兼業してソフトトウェア開発にも追われている。デプログラミングの仕事は基本的に受けたくはない。私の仕事を減らして、本来の学問研究に専念するためにも、いっそのこと長老部といわれる幹部連中を全員脱洗脳して、オウム教団を壊滅させようかと、ふと思うことさえある。

オウムに関わった人々はことごとく、何らかの大きな犠牲を払わざるをえなかったように思う。私の場合は、大学や研究所での学究生活を捨てざるをえなかった。けれども、この五年のあいだに、学究生活を送っていただけでは決して得られなかったはずの、後世にも残りうる貴重な知識が得られたのも事実である。それを本書によって社会に還元することができたと自負している。

最後になるが、オウムによる数々の犯罪の犠牲者となった方々のご冥福を心から祈り、筆を擱く。

二〇〇〇年一月一〇日

苫米地英人

苫米地英人（とまべち・ひでと）
1959年、東京都生まれ。1983年、上智大学外国語学部英語学科卒。同年、三菱地所入社。1985年、イエール大学大学院計算機科学科博士課程にフルブライト留学。1987年、カーネギーメロン大学大学院哲学科計算言語学研究科博士課程転入。1993年、同大学院博士課程修了。カーネギーメロン大学哲学科研究員、計算機科学科研究員、徳島大学工学部知能情報工学科助教授、ジャストシステム基礎研究所所長、同東京研究所所長、通商産業省情報処理振興審議会専門委員などを経て、現在、コグニティブ・リサーチ・ラボラトリィズ株式会社代表取締役社長。脳機能学者。Ph. D.（カーネギーメロン大学）。

洗脳原論

2000年2月15日　第1刷発行
2023年5月30日　第26刷発行

著　者――苫米地英人
発行者――小林公二
発行所――株式会社 **春秋社**
〒101-0021東京都千代田区外神田2-18-6
電話03-3255-9611
振替00180-6-24861
https://www.shunjusha.co.jp/
印刷所――萩原印刷 株式会社
装　丁――コグニティブ・リサーチ・ラボラトリィズ 株式会社

ISBN4-393-36116-4
定価はカバー等に表示してあります